Fehlt Gott?

Stefan Walser (Hg.)

Fehlt Gott?

Eine Spurensuche

Matthias Grünewald Verlag

VERLAGSGRUPPE PATMOS

PATMOS
ESCHBACH
GRÜNEWALD
THORBECKE
SCHWABEN
VER SACRUM

Die Verlagsgruppe
mit Sinn für das Leben

Die Verlagsgruppe Patmos ist sich ihrer Verantwortung gegenüber unserer Umwelt bewusst. Wir folgen dem Prinzip der Nachhaltigkeit und streben den Einklang von wirtschaftlicher Entwicklung, sozialer Sicherheit und Erhaltung unserer natürlichen Lebensgrundlagen an. Näheres zur Nachhaltigkeitsstrategie der Verlagsgruppe Patmos auf unserer Website www.verlagsgruppe-patmos.de/nachhaltig-gut-leben

Bibliografische Information der Deutschen Nationalbibliothek
Die Deutsche Nationalbibliothek verzeichnet diese Publikation in der Deutschen Nationalbibliografie; detaillierte bibliografische Daten sind im Internet über http://dnb.d-nb.de abrufbar.

Verlagsgruppe Patmos in der Schwabenverlag AG, Ostfildern
www.gruenewaldverlag.de

Umschlaggestaltung: Finken & Bumiller, Stuttgart
Umschlagabbildung: © KNA-Bild
Gestaltung und Satz: Schwabenverlag AG, Ostfildern
Druck: GGP Media GmbH, Pößneck
Hergestellt in Deutschland
ISBN 978-3-7867-3337-9

Inhalt

6

Der Ausgangspunkt

Die Frage dieses Buches ist nicht, ob Gott existiert oder nicht. Die Frage ist, ob er fehlt. Der gar nicht so kleine gemeinsame Nenner zwischen Glaubenden, Nichtglaubenden und Nicht-mehr-Glaubenden, zwischen dem Glauben hilflos, entscheidungslos oder auch leidenschaftslos Gegenüberstehenden lautet: Gott ist nicht selbstverständlich. Er ist nicht selbstverständlich da. Aber ist er deshalb fraglos weg?

So nach Gottes Dasein zu fragen, zielt in eine andere Richtung als die klassischen Gottesbeweise. Sie können bei aller logischen Stringenz die wenigsten restlos überzeugen und erst recht können sie keinen lebendigen Glauben an das vermeintlich Bewiesene zeugen. Glaube und Nichtglaube aber zeigen sich in der gegenwärtigen Situation in vielen Schattierungen.

Es gibt Menschen, die nicht an Gott oder Göttliches glauben und denen auch nichts fehlt. Der Schriftsteller Martin Walser gehört offenbar nicht zu ihnen. Er gehört zu den Menschen, die zumindest die Frage noch hochhalten. In seinem Büchlein *Über Rechtfertigung* schreibt er: »Wer sagt, es gebe Gott nicht, und nicht dazusagen kann, dass Gott fehlt und wie er fehlt, der hat keine Ahnung. Einer Ahnung allerdings bedarf es.«[1]

Fehlt Gott? Was Walser hier zaghaft formuliert, befeuert nicht die altbekannte Theodizeefrage, die wir meist mit dem

Fehlen Gottes verbinden, sondern sie weist auf eine neue Form von negativer Theologie: Ab dem Moment, wo Gott abhandenkommt, weiß man paradoxerweise, was Gott ist – weil er deutlich fehlt. Man ahnt zumindest rückschauend, was man an ihm hatte. Martin Heidegger nennt es den »Wink des letzten Gottes«, der sich im Vorbeigehen und im Modus der Verweigerung flüchtig zeigt.[2] Erzählen davon nicht schon die Urbilder der biblischen Offenbarungsgeschichte – angefangen vom *Pessach*, dem rettenden Vorübergang des Herrn an den Häusern der Israeliten in Ägypten (Ex 12,27), bis hin zum Moment der verborgenen Gottespräsenz am Kreuz, jenem Moment, als Jesus selbst nach dem fehlenden Gott rief (Mk 15,34)?

Die Beiträge des vorliegenden Bandes bilden keine dogmatische Gotteslehre. Sie sind auch kein Nachruf auf Gott, sondern am ehesten eine Vermisstenanzeige. Sie verstehen sich als eine Spurensuche und gehen an die Orte, wo Gott zur Leerstelle und zur Frage geworden ist. Dabei wagen sie es auch in Betracht zu ziehen, dass Gott nicht schlichtweg fehlt, sondern »nur« aus unseren zu engen Gottesvorstellungen ausgezogen sei und dass seine Spur außerhalb »seiner« Kirche verlaufe. Aus verschiedenen theologischen Disziplinen stammend, verbindet die Autorin und Autoren eine im Sinne Martin Walsers positive Ahnung, dass etwas fehlt, wenn Gott fehlt. Mehr noch: Sie vereint sowohl eine leidenschaftliche Anstrengung als auch die professionelle Pflicht, von einem Gott zu sprechen und zu predigen, der nicht selbstverständlich ist und der einer Gesellschaft und einer Kirche bisweilen eigentümlich abhanden gekommen scheint. Es mag verwundern, ist aber kein Zufall: Der allergrößte Teil der hier gesammelten Gedanken zum Fehlen Gottes hat einen sehr praktischen und handfesten Entstehungskontext, nämlich die traditionsreiche homiletische Zeitschrift *Der Prediger und Katechet*.[3]

Der erste Beitrag von *Paul Deselaers* geht der Fragehaltigkeit der jüdisch-christlichen Theologie nach und hält ein biblisch-poetisches Plädoyer für die Würde des Fragens. Ungezählte Male fragen Menschen in den biblischen Schriften nach Gott, fragt aber auch Gott nach dem Menschen. Im »Hinüberfragen« werden die notorischen Spannungen im Verhältnis zwischen Gott und Mensch ausgetragen und gerade so wird die Spannung des Gottesgeheimnisses gehalten. »Gott schätzt den Fragenden«, so drückt es der jüdischen Aphoristiker Elazar Benyoëtz aus.

Margareta Gruber OSF geht in ihrem exegetischen Beitrag an die Orte von Gottesnähe und Gottvermissen im Markusevangelium. Anhand von vier »Bildern« aus dem Markusevangelium – Taufe, Verklärung, Tod und Auferstehung – zeichnet sie den Lebensweg Jesu von Nazaret mit seinem fern-nahen Gott nach. Begleitet wird dieser Weg von seinen Jüngerinnen und Jüngern, die ihm erkennend und nicht-erkennend, sehend und nicht-sehend folgen und die am Ende damit konfrontiert werden, dass Jesus am Ostermorgen fehlt und doch ganz nah ist.

In die »Dunkle Nacht« bei Johannes vom Kreuz führt die Spurensuche von *Klaus Kleffner*. Der Blick zurück in die Spiritualität der spanischen Mystik zeigt, dass Erfahrungen der Abwesenheit Gottes, der Dunkelheit und der Krise im Gebet keine (post-)modernen Phänomene sind, sondern bereits am Beginn der Neuzeit intensiv beachtet und sogar als Normalfall eines wachsenden Glaubensweges gewürdigt werden konnten. Kleffner zieht daraus erste praktische Konsequenzen für die authentische Verkündigung eines bisweilen schmerzlich vermissten und verdunkelten Gottes.

Im Beitrag »Wohin ist Gott?« zeichnet *Jürgen Werbick* die feingliedrigen Spuren eines verblassenden Gottesglaubens nach: Wie konnte es geschehen, dass Gott seine »Menschheits-Bedeutung« verloren hat? Wie konnte es geschehen, dass die Wirklichkeit Gottes durch die Kirche häufig mehr verdunkelt als erhellt wird? Doch Werbick beschreibt nicht nur den Exodus Gottes aus der Welt, sondern er ermutigt, sich von Gott buchstäblich heraus-fordern zu lassen und sich jenseits der eingeübten Glaubensmuster neu auf ihn einzulassen.

Martin Rohner entwickelt seine Überlegungen ausgehend von der Verborgenheit Gottes im kulturell säkularen Kontext. Die Relevanz des Gottesgedankens lässt sich nur wiedergewinnen, wenn dieser eine für den Menschen existenz-erhellende Kraft entfalten kann. Glaube und die Frage nach einem gelingendem Leben sowie dem Umgang mit zerbrechlichem Leben gehören untrennbar zusammen. Impulse des »philosophischen Glaubens« bei Karl Jaspers aufnehmend erkundet Rohner den Weg zu einem fragilen Transzendenzvertrauen – einem Vertrauen, das sich angesichts von existentiellen Grenzerfahrungen zu bewähren hat.

Hans-Joachim Höhn zeigt in seinem Beitrag, wie Gott deshalb »fehlt«, weil unsere theologischen Konstruktionen fehlgehen und ihm Orte und Funktionen zugewiesen werden, denen er sich heilsam entzieht. Selbst die Rede vom »lieben Gott« droht leer und geradezu gottlos zu werden, wie zuletzt religiöse Antwortversuche angesichts der Irritationen der Pandemie gezeigt haben. Demgegenüber setzt Höhn auf eine »Fernbeziehung« zwischen Gott und Mensch, die Gott als den unerreichbaren und insofern stets fernen Horizont des Lebens erkennt.

Mein eigener Beitrag schließlich führt die fundamentaltheologischen Gedanken dieses Bandes zum »fehlenden Gott« ihrer homiletischen Bewährung zu: Wie kann es gelingen, so von Gott zu sprechen, dass er »vorkommt«, ohne fixiert zu werden? Der Beitrag plädiert für die offenbarungstheologische Unverfügbar-

keit des Wortes Gottes und warnt vor einem zu selbstgewissen und vollmundigen Reden »über« Gott. Eine zeitgemäße Homiletik überzeugt wohl weniger durch korrekte Ansichten als durch konkrete Ahnungen, wo Gott da ist – und wie sehr er fehlt, wo er fehlt.

Nicht fehlen darf der Dank an alle, die zur Entstehung dieses Buches beigetragen haben. Mein herzlicher Dank gilt Herrn Dr. Martin Rohner, der mich als Ideen- und Ratgeber in allen Phasen ermutigt und unterstützt hat, sowie Herrn Florian Kluba für die sorgfältige und verlässliche Arbeit am Manuskript. Ein ebenso herzlicher Dank geht an Herrn Volker Sühs vom Matthias Grünewald Verlag, der dieses Projekt interessiert und zielführend begleitet hat. Schließlich danke ich dem Bistum Münster für einen Zuschuss zur Drucklegung dieses Buches.

Bonn, im Januar 2023
Stefan Walser

Anmerkungen

[1] Martin Walser, Über Rechtfertigung, eine Versuchung, Reinbek bei Hamburg ⁴2012, 33.

[2] Vgl. Martin Heidegger, Beiträge zur Philosophie (Vom Ereignis). Gesamtausgabe Bd. 65, Frankfurt a. M. 1989, 409–417.

[3] Vgl. die entsprechende Themenreihe im 161. Jahrgang (2022) der Zeitschrift.

Paul Deselaers

Die Fragen hören nicht auf

Eine biblisch-poetische Spurensuche

Am Ende einer lebensbedrohlichen Erkrankung vor einigen Jahren bekam ich von einem Freund, der mich oft in der Klinik besucht hatte, einen Farbholzschnitt von der deutschen Künstlerin Antje Wichtrey geschenkt. Er trägt den Titel: »*... die Fragen hören nicht auf, und die Suche hört nicht auf ...«.*[1] Dieses Zitat ist in das Bild eingeschrieben. Es fordert heraus, für die Fragen einen Ausdruck und eine Sprache zu finden. Und ein Gegenüber. In diesem Bild sammeln sich für mich seitdem Erinnerungen an Menschen, denen ich vertraue, an Erlebnisse, an die Bibel, an zugesprochene Worte, an Lernwege, an geistliche Übungen, an Literatur.

Fragen an das Leben

In manchen Zeitschriften und Magazinen werden »die wirklich essenziellen Fragen«, wie es dann heißt, aufbereitet: »Fragen an das Leben«.[2] Als solche Fragen werden etwa genannt: Wenn ich mit 80 Jahren auf mein Leben zurückblicke, was möchte ich dann darüber sagen können? – Heilt die Zeit wirklich alle Wunden, und was, wenn nicht? – Brauche ich immer ein Ziel? – Wie steht man nach Niederlagen wieder auf? – Was will mein Neid mir sagen? – Wie erhalte ich mir den Spaß an der Arbeit? – Worauf kann ich mich noch freuen? – Bin ich selbst schuld, wenn es mir schlecht geht? – Ist der Tod mein Feind?

Solche Fragen sprechen etwas an, das in unterschiedlichen Situationen des Lebens drängend wird, das Menschen regelrecht umtreiben kann. In diesen Fragen bleibt jedoch offen, von wem eine Antwort kommen kann. Möglicherweise wird vorausgesetzt, dass ich das mit mir selbst ausmachen kann. Das Leben, so ist die implizite Auskunft, braucht »den richtigen Dreh« – durch mich selbst. Doch spricht nicht alles dafür, dass dazu Hilfestellung notwendig ist?

Von der Würde des Fragens

Dem Fragen und seiner unvertretbaren Würde hat sich der israelische Dichter Elazar Benyoëtz vielfach gewidmet. Sein Anliegen ist es, sich von der Sprache so die Augen öffnen zu lassen, dass man das nicht-dialogische Denken im Angesicht des anderen zu entlarven lernt. Keine Antwort soll entsprechend ohne Frage bleiben. Er weiß sich einem sprechenden, dialogischen Denken im Angesicht des anderen verpflichtet. Indem er das Wort beim Wort nimmt und die Wortwurzeln und damit auch die Lebenswurzeln freilegt, kann er Starrgewordenes zum Fließen und Dynamik in das Leben bringen. Im Lesen und Bedenken seiner Aphorismen kann man lernen, den Fragen mehr zu trauen als den raschen Antworten. Aus seinen Büchern möchte ich einige Sätze zum Thema »Fragen« herausstellen, die Zeugnis geben von der Kunst prägnanter, treffsicherer Sprache:

»Gott schätzt den Fragenden«[3]

»Man antwortet nicht auf eine Frage,
man antwortet dem Fragenden«[4]

»jedem Wort *sein* Gehör schenken«

»Beunruhigende Fragen verdienen
beunruhigende Antworten«[5]

»Die ersten Fragen des Menschen
betreffen immer die letzten Dinge«

»Nur Fragen / kann man verantworten«

»Laß dir deine Frage nicht nehmen,
deine Antwort nicht abnehmen«

»Auf deine Frage gibt es nur deine Antwort: du
kennst sie auch, und doch mußt du um sie bitten«[6]

»Die Antwort gehört dem Fragenden«

»Es ist ein Missverständnis, / wenn ich dir auf deine Frage
meine Antwort geben, / und nicht deine«[7]

»Was nach allen Antworten bleibt, / ist / die Frage«

»Erst wenn alles andere / in Frage gestellt ist,
läßt sich / der Eine / außer Frage / erblicken«

»Würde ich den Grund meines Fragens kennen,
ich verlangte nicht nach Antwort«

»Was außer Frage steht, / kommt niemals in Betracht«[8]

»Die schönste Frage / ist die beste Antwort«[9]

Keiner der Texte von Elazar Benyoëtz endet mit einem Punkt. Die gewollte Offenheit wird auch auf diese Weise markiert. Dadurch wirken seine Sätze verblüffend und doch so einleuchtend, etwa die Unterscheidung, dass es darum geht, dem Fragenden zu antworten, nicht jedoch auf eine Frage. So tut sich ein Blick in Lebenslandschaften auf. Die Folge daraus ist: »jedem Wort *sein* Gehör schenken«.

Hören ist die Voraussetzung, jemanden als Gegenüber wahr- und ernst zu nehmen. Hier öffnet sich eine Dimension, die im menschlichen Miteinander glückhafte Erfahrungen mit sich bringt, jedoch auch oft Verletzungen und in der Folge Verstummen. Entscheidend scheint beim Gegenüber zu sein: Wird die Not meiner Frage wahrgenommen? Wird die mögliche Erfahrung der Verlassenheit als Realität ernstgenommen und nicht geleugnet oder gar umgebogen? Wird mein Erleben als Fragender nicht ausgespielt gegen etwas, das vielleicht im Sinne des Antwortenden so sein sollte?

Keine Antwort ist erschöpfend, sie ist immer vielschichtig und kann auch einfach falsch sein. Manchen Menschen ist die Erfahrung zu eigen geworden: Je mehr Antworten du erhalten hast, je mehr du weißt, desto gezielter kannst du fragen! Der Aphorismus »Es ist ein Missverständnis, / wenn ich dir auf deine Frage / meine Antwort gebe, / und nicht deine« lässt sich an mancher Begegnungsszene Jesu veranschaulichen, wenn er notleidende Menschen fragt: »Was willst du, dass ich dir tue?« (Mk 10,51) Jesus hält es aus, den Gefragten dessen unverstellt eigene Antwort geben zu lassen und so die Heilung als seine grundgute Antwort zu ermöglichen. Seine Wunder-Antwort erzählt vom Ringen um Leben in der Welt des Todes und verdeutlicht, wer die Macht hat, die Welt zu verwandeln. Dass aber Fragen und Lernen des Geheilten weitergehen, zeigt sich an der

Notiz, dass er »Jesus auf seinem Weg« nachfolgt (Mk 10,52). Die Grundüberzeugung von Elazar Benyoëtz scheint mir darin zu liegen, dass Menschen aus dem Fragen und Lernen mehr erfahren als aus dem Wissen. Die Fragen sind wie ein Erinnerungsspeicher, aus dem die innerste Zielrichtung des Frageweges diskret auftaucht: »Erst wenn alles andere / in Frage gestellt ist, / läßt sich / der Eine / außer Frage / erblicken« Was an Benyoëtz' Sätzen besonders irritiert, kann zugleich ein Aufmerken auf unsere Wörter und die dahinter liegenden Lebensbewegungen bewirken.

Die Fragen leben

Ganz in diesem Sinne hat Rainer Maria Rilke an den jungen Dichter Franz Xaver Kappus geschrieben: »Sie sind so jung, so vor allem Anfang, und ich möchte Sie (…) bitten, (…) *die Fragen selbst* liebzuhaben wie verschlossene Stuben und wie Bücher, die in einer sehr fremden Sprache geschrieben sind (…). *Leben* Sie jetzt die Fragen. Vielleicht leben Sie dann allmählich, ohne es zu merken, eines fernen Tages in die Antwort hinein.«[10]

Es gibt einen Geist des Fragens, der nicht bei Sinn- und Weltsuche endet, sondern vielmehr offen bleibt auf eine erhellende Zukunft hin. Dieser Geist schlägt sich in einem Gedicht von Reiner Kunze nieder, das den programmatischen Titel POETIK trägt:

> »So viele antworten gibt's,
> doch wir wissen nicht zu fragen

Das gedicht
ist der blindenstock des dichters

Mit ihm berührt er die dinge,
um sie zu erkennen.«[11]

Der Dichter greift auf die Anfänge der Literatur, auf »viele antworten« zurück. Er tut das, um über das Morgen nachzudenken, um in der Herkunft die Zukunft zu finden. Auch dem zerbrechlichen und zarten Gebilde wie dem Gedicht traut er zu, einen Weg zu weisen im Gelände der neuzeitlichen Ausweglosigkeiten und oft phrasenhaften Antworten. Indem der Dichter selbst die Dinge berührt, verwandeln sie sich und gewinnen einen neuen Sinn. Dazu bedarf es der Sensibilität und Hellhörigkeit, die den Blick auf den Grund der Dinge richten und deren Wesen zu erforschen sie bemüht sind. Im Kontrast zur Aussage »doch wir wissen nicht zu fragen« zeigt der Dichter diskret an, dass er auf unterschiedliche Weise zu fragen vermag. Sein fragendes Bewusstsein äußert sich auch in seiner Weltsicht:

»Dichter dulden keine diktatoren
neben sich«[12]

Diktatoren korrumpieren jede Art von Fragen, sie geben Behauptungen von sich, sie »sprechen zu«, verschließen die Fragen. Der Dichter legt das Fragen als Lebenselixier offen.

Wer jedoch fragt und sich fragen lässt, begibt sich in einen Prozess der Verwandlung, die sowohl in die anthropologische als auch in die soziale und theologische Dimension hineinreicht, deren Abstimmung aufeinander mehr Stimmigkeit im eigenen Leben ermöglichen kann. In einer bewährten Gebetsschule heißt es unter der Überschrift *Wenn du nach Gott fragen willst, lerne zu fragen*:

> »Fragen ist schwerer als antworten. Die meisten lernen es nie, wissen nicht einmal, dass man überhaupt fragen kann. Antworten umstellen ihr Leben, aber nicht Antworten auf eigene Fragen, sondern Scheinantworten, die den eigenen Fragen zuvorkommen, damit sie nur ja nicht gefragt werden.
>
> Willst du fragen lernen, schnür die amtlich verpackten Bündel auf. Stürz den Inhalt der geordneten Kisten um und erprobe selbst, womit du leben kannst. Wag dich auch an die schweren Pakete mit den Etiketten ›Gott‹, ›Erlösung‹, ›Gebet‹ heran. Lass dich nicht irritieren durch die Warnung, es würde dir wie mit der Uhr ergehen, die du, auseinandergenommen, nicht wieder zusammenfügen kannst. Vertrau auf dich und wage zu fragen. Das führt dich ins Weite. Religion ist eine Straße zu Gott. Eine Straße ist kein Haus.«[13]

Diese »Straße« des Fragens ist kein glatter Weg. Sie kennt alle erdenklichen Abschnitte von mutigem Ausschreiten, sich im Kreis drehen, von Sackgassen und Abgründen, von Zurückweichen und Ausweichen, von Zielstrebigkeit und von neuen Anläufen, vom Eingehen auf Fragen, die sich mir stellen oder eben gestellt werden. Denn Fragen ist keine Einbahnstraße.

Im Roman *Das Kind, das nicht fragte* von Hanns-Josef Ortheil[14] ist eine Geschichte von einem verstummten Kind eingewoben, das keine Sprache findet und nicht einmal einfache Verständnisfragen stellen kann. Erst in der Begegnung mit einem hörfähigen Menschen – einem Priester bei der Erstbeichte – wird ihm die Geburtsstunde seiner Frage- und Antwortspiele geschenkt und macht ihn im Laufe seines Lebens aufgrund seiner einfühlsamen Fragekunst zu einem gesuchten Gesprächspartner. Die Zusammenhänge von Verstummen und Sprechen, von Fragen und Selbstfindung werden in diesem Roman offengelegt und führen auch hin zu Jesus als dem geheimnisvollen Gegenüber, dem man seine Geschichten erzählen kann, der zuhört und versteht.

Vom Gewicht der biblischen Fragen

Das theologische Gewicht des Fragens wird daran deutlich, dass es in allen Lebenslagen nicht nur Fragen nach Gott gibt, sondern auch Fragen Gottes an den Menschen. So kommt es uns aus der Urkunde des Glaubens, der Heiligen Schrift des Alten und Neuen Testamentes, eindringlich entgegen.[15] Sie ist kein Regelwerk mit Antworten für alle erdenklichen Situationen und Wissensfragen. Vielmehr ist sie, nicht nur äußerlich, eine Weggeschichte: »Schaut man genauer in die Bibel, scheinen Fragen tatsächlich so etwas wie die ›Seele der Bibel‹ zu sein. Annähernd tausend Fragen gibt es in ihr, Gottes- bzw. Jesusfragen und Menschenfragen. Von ihnen sind fast zwei Drittel Gottesfragen an den Menschen. Wer nicht fragt, scheint kein Interesse am Gegenüber zu haben.«[16] Fragen zeigen sich als Schrittmacher auf dem Weg der Beziehung zwischen Gott und Mensch und umgekehrt. Die erste Gottesfrage an den Menschen »Wo bist du?« (Gen 3,9) spannt den Bogen weit bis in das letzte Buch der Bibel, in die Offenbarung an Johannes. Dort ist in der Vorbereitung des hymnischen Finales der Gesang der standhaften Christen ausgeführt, die dem Kaiserkult

nicht erlegen sind, sondern ihm widerstanden und ihn überwunden haben. Der Hymnus ist wie ein Vorgriff auf den end-
gültigen Sieg. Er lebt von den Bezügen zu den Büchern der
Psalmen und der Propheten[17] und konzentriert die ganze Welt
auf das Lamm Gottes: »Wer wird dich nicht fürchten, Herr, wer
wird deinen Namen nicht preisen?« (Offb 15,4) Hier findet der
Mensch den Platz, an dem er sich nicht mehr verstecken muss,
sondern sich vor Gott zeigen will und kann und alle Fragen ein
Ende haben.

Aufschlussreich ist die erste ausdrückliche Frage der Bibel.
Es ist weder eine Gottes- noch eine Menschenfrage, es ist die
Frage der Schlange in der Erzählung vom Fall des Menschen:
»Hat Gott wirklich gesagt: Ihr dürft von keinem Baum des
Gartens essen?« (Gen 3,1) Diese Frage berührt das in der
guten Schöpfung Gottes grundgelegte einvernehmliche Ver-
hältnis von Gott und Mensch entscheidend. Mit ihr sät die
Schlange ein tiefes Misstrauen: »Hat Gott wirklich gesagt …?«
Sie drängt zu einer Grenzüberschreitung, zur Auflehnung gegen
Gott, macht ihn zu einem Randphänomen. Das ist ihr Ziel.
Sie trennt und verbindet doch zugleich. Denn mit dieser Frage
ist ein Fragezeichen zwischen Mensch und Gott gesetzt. Mit ihr
kann Gottes plötzliche Ferne nahekommen, seine Nähe auch
in die Ferne rücken. Beides ist schwer auszuhalten. Seitdem
sind Fragen eine Weise, wie Gott spricht. Sie könnten in
einer Zeit grundsätzlichen und vielfältigen Fragens neu zu
Gehör kommen. »Die richtigen Fragen zu stellen, ist« – so Peter
Handke – »wahrscheinlich die höchste Intuition.«[18] Offen zu
fragen, wie ein Seismograf, erfordert Eingebung, Einfühlungs-
gabe, Klugheit und Takt. Gute Fragen sind mehr als Erkun-
digung. Sie öffnen Lebenslandschaften und zeigen, wo wunde
Punkte und Quellen im Leben liegen. Aus den »richtigen«

Fragen entsteht zumeist eine tiefe Verbindung zwischen Fragendem und Gefragtem.

Zur jüdischen Kontinuität über die Jahrtausende hin gehören das Fragen sowie das Lernen, das Disputieren und die Streitlust, sowohl bei denen, die im Land leben als auch bei denen, die in die Zerstreuung geraten sind. Amos Oz und sein Tochter Fania Oz-Salzberger haben in ihrem gemeinsamen Buch *Juden und Worte* das Fragenstellen als den »beliebtesten Zeitvertreib«[19] der Juden bezeichnet. Die Quelle dafür sehen sie darin: »Das biblische Hebräisch kennt keine Fragezeichen, aber das Buch der Bücher steckt voller Fragen.«[20] Sie entdecken: »Gott selbst ist ein großer Frager.«[21] Im Durchgehen vieler biblischer Fragen mit unterschiedlichen Schattierungen landen sie bei dem Schlüssel für den jüdischen »Zeitvertreib«, nämlich bei jener »Frage, die zwischen den Generationen gestellt und beantwortet und als Stafette gleichsam weitergereicht wird: Wenn dein Sohn dich morgen fragen wird: Was sind das für Zeugnisse, Satzungen und Bestimmungen, die der Herr, unser Gott, dir befohlen hat?«[22]

Von den Fragen des Evangeliums

Einen anderen Ansatzpunkt – und doch den »großen Frager« im Blick – wählt Ermes Ronchi, der im Jahr 2016 für Papst Franziskus und die römische Kurie die Fastenexerzitien gehalten hat. Gleich zu Beginn erklärt er: »In einem geflügelten jüdischen Wort heißt es, dass Gott am Anfang das Fragezeichen schuf und es ins Menschenherz hineinlegte.«[23] Den Einladungsbrief für die Exerzitien ziert ein mit Duftöl gefülltes, von Frauenhänden umfasstes Gefäß als Symbol für seine Überzeugung: »Fragen bergen Schätze und können uns Neues offenbaren.«[24] Sein Anliegen für den Weg der Exerzitien ist, »zu hören auf einen Gott der Fragen« und entsprechend »den nackten Fragen des Evangeliums« nachzuspüren, die »Fragen lieben! Uns mit den Fragen anfreunden.« Denn es gilt: »*Du* bist gefragt, als freier Partner in einem Dialog mit offenem Ausgang.« Sein Rat lautet: »Überlassen wir es doch ihm [Gott, d. Verf.], mit uns in Beziehung zu treten – mit seinen Fragen, die Mut machen, denen man aber auch schwerlich ausweichen kann.« Die Fragen ähnelten einem Angelhaken und das Evangelium werfe seine Fragen aus, um uns zu sich zu ziehen als »Fischfang des Herrn«, wie Tertullian sagt.[25]

Fragen sollen zum Nachdenken bewegen, Neugierde wecken. Sie sind kein bloßes rhetorisches Mittel. Biblische Fragen sind echte Fragen. Schon vom jungen Jesus heißt es, als seine Eltern ihn endlich in Jerusalem finden: »Er saß mitten unter den Lehrern, hörte ihnen zu und stellte Fragen.« (Lk 2,46) Das Fragezeichen soll seinen Platz im menschlichen Herzen bekommen. Denn auch hier kommt es darauf an, mit dem eigenen Herzen zu suchen und zu fragen, eben mit dem Herzen, das wir haben, und nicht mit einem Herzen, das wir angeblich haben sollten. Im Markusevangelium heißt es nach Jesu zweiter Ankündigung von Leiden, Tod und Auferstehung von den Jüngern: »Aber sie verstanden das Wort nicht, fürchteten sich jedoch, ihn zu fragen.« (Mk 9,32) Stattdessen sprechen sie über die Hierarchie. So verhindern sie das Mitgehen mit Jesus. Fragen stehen in der menschlichen Entwicklung für gesundes Wachstum. In den Betrachtungen zu einigen Fragen des Evangeliums sieht Ronchi in jeder Frage ein von Gott in das Herz hineingelegtes Fragezeichen. Jedes warte darauf, dem Leben zu dienen; die Gefragten sollen von der Gotteswahrheit ergriffen werden. Bei jeder Frage sieht Ronchi: »Da ist ein Geburtshelfer am Werk, der sein Geschäft versteht.«[26] Bei keiner der Gottes- oder Jesusfragen geht es um Informationen. Jede will den Menschen an seinen Ursprung und auf seinen gottgegebenen Weg führen. »Jesu Fragen münden nicht ohne Grund in die Frage an Gott, den Vater, ein; er allein weiß die Antwort (…). Jesu Fragen geben allein schon dadurch, dass sie teilweise ohne Antwort bleiben, zu erkennen, dass er selbst größer ist als jede mögliche Antwort. Er selber steht hinter und über jeder Auskunft über ihn, er übertrifft alle Antworten. Seine Fragen wollen den Adressaten auf einen Weg bringen, den er selber mitwandert, um den Empfänger mehr und mehr in sein Geheimnis einzuweisen. Jesus ist Fragesteller und Antwort zugleich. Es kann wohl niemand so richtig nach ihm fragen wie er selber, es kann aber auch keiner so antworten wie er selber. Er ist Frage und Antwort in einer Person; er ist der ›treue Zeuge‹ (Offb 1,5), der das Zeugnis bleibend in sich hat (vgl. 1 Joh 5,10).«[27]

Sich selbst zur Frage werden

In der christlichen Frömmigkeitsgeschichte tauchen immer neue Fragen und Frager auf. Einer von ihnen ist Augustinus, der in der Zeit der zu Ende gehenden Spätantike einen geschichtlichen Umbruch ohnegleichen erlebte. Er empfand sich selbst als wunden Punkt in aller ihn umgebenden Wirklichkeit, als einen Menschen, der sich ständig von Gott angefragt und eingefordert wusste. In seinen *Confessiones* folgen in vielen Passagen Fragen wie Kaskaden aufeinander. Darin spiegelt sich seine Wahrheitssuche im Drama zwischen Gott und Mensch. Wie ein Höhepunkt seiner Selbstdiagnose wirkt im Anschluss an seine Bitte um Heilung die Feststellung: »Unter dem Blick Deiner Augen bin ich mir zur Frage geworden, und das ist mein Elend.«[28]

Von Martin Heidegger stammt der Satz: »Das Fragen ist die Frömmigkeit des Denkens.«[29] Dieser vielzitierte Kernspruch verdeutlicht, dass das Denken nicht ohne die Dimension des Anderen auskommt und damit auch die Nicht-Selbstverständlichkeit des Daseins insgesamt bewusst macht. In der Hochschätzung des Fragens drückt sich ebenfalls eine Empfangsbereitschaft für das Andere aus, das den Menschen übersteigt, letztlich für Gott. Darin eingewoben ist auch eine Form des Widerstands gegen alles Abgeschlossene. Fragen ist die Weise, empfangend zu sein, den Horizont überschreiten zu wollen, warten zu können und auf das zu hören, was sich einem zuspricht. Entsprechend soll Heidegger zum Ende seines Lebens hin den berühmt gewordenen Satz umformuliert haben in: »Die Frömmigkeit des denkenden Menschen ist das Hören.« Frömmigkeit, Denken und Fragen werden nicht auseinandergehalten, sondern zueinander in Beziehung gesetzt und aufeinander verwiesen.[30]

Fragen als Hinüberfragen

Gottes- und Menschenfragen sind in ihren Facetten unerschöpflich. Fragen, oft gelesen, zugelassen und bedacht, erschließen immer neue Sinndimensionen der Heiligen Schrift. Sie eröffnen ungezählte neue Antwortperspektiven, die als Möglichkeiten des Verstehens aus dem Text und seinen Strukturen erarbeitet werden können. In der Gestalt von Fragen aus der biblischen Literatur, durch menschliche Autoren geformt, nimmt Gott mit den Menschen Beziehung auf und lässt sie so erahnen und verstehen, was er ihnen sagen will. In diesem Vermittlungszusammenhang ist das Wort Gottes von Anfang an gemeinschaftsbegründend und zeigt sich als Gesprächsangebot. Dabei soll im Blick bleiben, dass der Vielfalt, wie Gott sich literarisch in der Bibel zu verstehen gibt – von der Erzählung, vom Gebet, Briefen, prophetischer Offenbarung bis hin zum Evangelium – auch die Breite ihrer Bezeugung entspricht.

Als vertiefte Wahrnehmung des Wortes Gottes verdeutlichen die Fragen, dass es um die Beziehung zwischen Gott und Mensch geht und gehen muss. Werden Zwischeninstanzen wie König, Tempel, Gesetz, Ämter oder Kirche als Institution die hauptsächlichen Bezugspunkte menschlicher Suche, greift die Lebensbewegung zu kurz und geht in die Irre. Hier kann die Differenzierung von kleinen und großen Fragen weiterhelfen. Antworten auf die kleinen Fragen helfen im Alltag; große Fragen, wie die nach Hoffnung, Tod, Gerechtigkeit, Gottes Treue und Himmel, betreffen den Lebensbogen im Ganzen. Da in der Informationsflut dieser Zeit das Leben von Antworten wie umstellt ist, kann jemand, der Fragen stellt, leicht als unwissend erscheinen, als einer, der nicht auf dem neuesten Stand ist, der keine Ahnung hat. Mit der Fülle ihrer Fragen ist die Bibel die Ermutigung an ihre Leserinnen und Leser: Trau dich zu fragen. Denn Fragen halten das Leben offen.

Durch Fragen kann ich Neues entdecken. Mit der Frage »Was ist das?« (Ex 16,15) entdeckt Israel in der Manna-Erzählung in dem fremden Fund nicht nur Speise für den weiteren Wüstenzug, sondern wird mit der Zuteilung des Manna unvermutet des Sabbat gewahr, der durch das Manna in seinen Besonderheiten erst Stück um Stück sichtbar wird und die Gegenwart Gottes offenbart. Gottesfragen wie auch Menschenfragen öffnen Türen zur geschenkten Wahrheit. So kann sich der Horizont öffnen, und durch die Öffnungen kann frischer Wind bzw. der Heilige Geist das Leben durchpusten und Klärung verschaffen.

In seiner Übersetzung und Deutung des mit Gottes- und Menschenfragen voll gespickten Buches Ijob hat Fridolin Stier das Ziel der Fragen so formuliert: »Gott (…) fragte ihn hinüber, hinein in das Seine.«[31] Gott und Mensch sollen zueinander finden, auch mithilfe von Fragen, sollen sich gegenseitig »hinüberfragen«. In seinen später erschienen *Aufzeichnungen* treibt Stier die Frage nach Gott, nach seiner Gerechtigkeit und Liebe um.[32] Immer geht es ihm in diesen Fragen um die Begegnung mit dem unverstellten biblischen Text – im Bewusstsein, dass die Wirklichkeit Gottes sich letztlich aller Sprache entzieht und doch in ihr und in der Person des Jesus von Nazaret Gestalt angenommen hat. Für diese Begegnung skizziert Stier einen »Störenfried«, der in der Frage des Sonntagspredigers auftaucht: »Was fange ich mit diesem Text an?« Die richtige Frage wäre nach Stier: »Was fängt dieser Text mit mir an?«[33] Wer auch immer in diese Fragerichtung geht, wird die Geltung des Abschiedsworts von Paulus in Milet erleben: »Und jetzt vertraue ich euch Gott und dem Wort seiner Gnade an, das die Kraft hat, aufzubauen und das Erbe in der Gemeinschaft der Geheiligten zu verleihen.« (Apg 20,32)

Anmerkungen

[1] Farbholzschnitt 2012 – Zur Erinnerung an Pina Bausch. Von ihr stammt das obige Zitat. Vgl. auch die Farbholzschnitte zu Pablo Nerudas *Buch der Fragen*, gemeinsam mit Konrad Schmid, Hartkirchen 1996.

2   Die folgenden Fragen etwa finden sich im Magazin: MYWAY, 7/2016, 32–39.

3   Elazar Benyoëtz, Die Zukunft sitzt uns im Nacken, München – Wien 2000, 182.

4   Ders., Allerwegsdahin. Mein Weg als Jude und Israeli ins Deutsche, Zürich – Hamburg 2001, 195.

5   Ders., Treffpunkt Scheideweg, München – Wien 1990, 93, 11.

6   Vorausgehende Zitate: Ders., Die Zukunft sitzt uns im Nacken (s. Anm. 3), 176, 179, 180, 181.

7   Vorausgehende Zitate: Ders., Fraglicht. Aphorismen 1977–2007, Wien 2010, 232, 518.

8   Vorausgehende Zitate: Ders., Die Zukunft sitzt uns im Nacken (s. Anm. 3), 184, 177, 179, 181.

9   Ders., Finden macht das Suchen leichter, München – Wien 2004, 27.

10 Rainer Maria Rilke, Briefe an einen jungen Dichter, Frankfurt a. M. – Leipzig [52]2012, 21 (Brief vom 16. Juli 1903) (Hervorhebung im Original).

11 Reiner Kunze, ein tag auf dieser erde. gedichte, Frankfurt a. M. 1998, 81.

12 Ders., auf eigene hoffnung. gedichte, Frankfurt a. M. 1981, 105.

13 Hubertus Halbfas, Der Sprung in den Brunnen. Eine Gebetsschule, Düsseldorf 1981, 74.

14 Hanns-Josef Ortheil, Das Kind, das nicht fragte, München 2012.

15 Für die Zeitschrift *Der Prediger und Katechet* habe ich eine »Leseordnung für Werktage« zusammengestellt, die sich vollständig an biblischen Fragen orientiert und insbesondere für Wort-Gottes-Feiern gedacht ist (vgl. PuK 161 (2021), 151–161). Über den gesamten Jahrgang 2021/22 verteilt wurde diese Leseordnung homiletisch umgesetzt und zu jeder der 56 biblischen Fragen eine Kurzpredigt verfasst.

16 Paul Deselaers – Robert Vorholt, Tod und Auferstehung. Perspektiven des Alten und Neuen Testaments, Würzburg 2020, 47–54, hier: 53.

17 Vgl. Ps 86,9; 99,3; 145,1; Jes 2,2; Jer 10,7; 16,19.

18 Aus einem Interview von André Müller mit Peter Handke in: DIE ZEIT Nr. 10/1989 vom 03.03.1989, 18.

19 Amos Oz – Fania Oz-Salzberger, Juden und Worte, Berlin [4]2020, 47.

20 Ebd.

21 Ebd.

22 Ebd., 51. Mit Verweis auf Ex 13,14.

23 Ermes Ronchi, Die nackten Fragen des Evangeliums, München – Zürich – Wien ⁶2019, 11.

24 Ebd.

25 Alle vorausgehenden Zitate: Ebd., 12 (Hervorhebung im Original).

26 Ebd., 13. Das Buch von Ronchi erinnert in manchen Gedanken und Zitaten an das sehr viel früher erschienene und in etliche Sprachen übersetzte Buch von Johannes Bours, Da fragte Jesus ihn. Schritte geistlicher Einübung in die Jesusnachfolge, Freiburg 1983 [⁶1990].

27 Christian Schütz, Auf der Suche nach Jesus Christus, Düsseldorf 1982, 110.

28 Augustinus, Confessiones / Bekenntnisse. Lateinisch-Deutsch. Eingeleitet, übersetzt und erläutert von Joseph Bernhart, München ⁴1980, X 33,50.

29 Martin Heidegger, Die Frage nach der Technik, in: Ders., Vorträge und Aufsätze, Pfullingen 1954, 13–44, hier: 44.

30 Zur theologischen Bedeutung des Fragens für die Beziehung zu Gott vgl. eindrücklich: Erwin Dirscherl, Die Herausforderung für eine Christologie im Angesicht von Jesu Judentum. Das theozentrische Beten und Fragen Jesu als bleibende Herausforderung des christlichen Glaubens an den einen Gott, in: Christian Danz – Kathy Ehrensperger – Walter Homolka (Hg.), Christologie zwischen Judentum und Christentum, Tübingen 2020, 209–227. Das theologisch-spirituelle Gewicht des Fragens wird konkret ausgeleuchtet bei: Gotthard Fuchs, Vom Göttlichen berührt. Mystik des Alltags, Freiburg 2017, bes. 121–143.

31 Fridolin Stier, Das Buch Ijjob. Hebräisch und deutsch, München 1954, 250.

32 Vgl. Fridolin Stier, Vielleicht ist irgendwo Tag. Aufzeichnungen, Freiburg – Heidelberg 1981; Ders., An der Wurzel der Berge. Aufzeichnungen II, Freiburg 1984.

33 Fridolin Stier, Vielleicht ist irgendwo Tag (s. Anm. 32), 39.

Margareta Gruber OSF

Der Schrei Jesu und das Fehlen Gottes

Eine biblisch-spirituelle Spurensuche im Markusevangelium

Das Neue Testament erzählt die Geschichte dessen, der die Nähe Gottes nicht nur verkündet und vermittelt, sondern selbst ist, und der dennoch mit einem Schrei der Gottferne stirbt, den die Christen kaum ertragen können. Schon Lukas und Johannes mildern ab, was Markus und Matthäus zumuten. Wenn christliches Leben bedeutet, Christus gleich zu werden, so ist dies einerseits ein Weg der *imitatio*, der »Nachahmung« oder Nachfolge Christi, aber auch ein Gleichgestaltet-Werden mit ihm (Röm 8,29), also ein Hineingenommen-Werden in seinen Weg. So findet die menschliche und christliche Erfahrung der Nähe und auch der Ferne Gottes ihren Ort in demjenigen, der menschliche Erfahrung angenommen und in seine Erfahrung als Fleisch gewordenes Wort Gottes hineingenommen hat. Liebe will Gegenwart; der größte Schmerz ist das

Fehlen des Geliebten. Der Weg Jesu durchmisst beides, Nähe und Ferne zu Gott, dem Geliebten, und führt dadurch ein in den Weg des Menschen zu Gott. Die folgenden Überlegungen verstehen sich als Spurensuche auf diesem Weg.[1]

Die Klage als Antwort auf das Fehlen Gottes

Dass Gott fehlt, ist keine biblische Aussage. Die Bibel erzählt vom Handeln Gottes an seinem Volk. Seine Gegenwart, sein Sein wird vorausgesetzt. Wohl aber gibt es das Leiden des Menschen daran, dass Gott ihm ferne ist, dass er sein Gesicht verbirgt, dass sein Handeln auf sich warten lässt. Dann erhebt sich die Klage zu Gott, die eine mächtige Stimme in der Bibel ist. Eine Theologie der Klage in der Bibel zeigt ihre Reichweite und zugleich Grenze: »Nichts wird verschwiegen, nichts beschönigt, jede Frage ist zugelassen. Nur vor einem schrecken die Gebete zurück: den Glauben an den einen Gott aufzugeben. Es ist dieser eine Gott, der das Unheil verhängt hat – denn von ihm kommt alles. Und er selbst wird es sein, der das Unglück wenden wird.«[2] Eine besondere Form der Gottesrede ist der Zorn Gottes, eines der häufigsten Theologumena in der Bibel überhaupt. Es ist die Kehrseite seiner Gerechtigkeit und kann erschreckende Maßlosigkeit annehmen.[3] Doch selbst dann bittet der Beter darum, dass Gott sein Gesicht im Zorn nicht abwenden möge (Ps 27,9). Ein extremes Gebet ist Psalm 88, wo der leidende Beter Gott als seinen Feind erfährt und ins Verstummen fällt.[4] Doch Gott loszulassen oder ihn, wie der tolle Mensch Nietzsches, umzubringen,[5] käme einem biblischen Beter oder einer Beterin nicht in den Sinn. Die biblische »Tollheit« besteht darin, lieber Gott die Erschaffung des Unheils zuzutrauen (Jes 45,7) als sich von ihm zu lösen.[6]

Im Neuen Testament gibt es keine Klage und erst recht keine Anklage Gottes. Das hängt damit zusammen, dass es in einem recht kurzen Zeitraum entstanden ist und völlig im Bann des Christusereignisses steht, das als geradezu apokalyptisches Geschehen erfahren wurde: dramatisches Ende einer Zeit und Beginn von etwas völlig Neuem. Die Erschütterung und das Krisenhafte dieser umstürzenden Erfahrung, dass Gott den Gekreuzigten »aus Toten« erweckt hat, durchzieht seine Schriften.[7] Und doch erhebt sich an einer entscheidenden Stelle im ältesten Evangelium nach Markus eine Klage. Der Gekreuzigte stirbt mit einem Schrei, der als das Psalmwort gehört wird: »*Eli, Eli lama sabachthani*: Mein Gott, mein Gott, warum hast du mich verlassen?« (Mk 15,34; vgl. Ps 22,1) Welches ungeheuerliche Paradox: Der Gott-Gesegnete ist der, vor dem jetzt Gott sein Gesicht verbirgt (Jes 53,2f.), so dass die Menschen unter dem Kreuz ihn nicht erkennen – oder doch? Der Hauptmann scheint etwas »gesehen« zu haben (Mk 15,39). Was hat er gesehen?

Vor der Radikalität der Gotteserfahrung Jesu schreckt gläubiges Denken zurück; aus Ehrfurcht – oder Furcht – davor, die Göttlichkeit des Menschgewordenen zu verdunkeln, vielleicht auch aus Erschrecken und Scheu vor der gottmenschlichen Dramatik in der Person des Erlösers. Die »Mystiker« sind da unbefangener; ihre Sprache gehorcht der Unmittelbarkeit ihrer Erfahrung und der Unbestechlichkeit ihres Leidens an dieser Erfahrung.[8]

Die neutestamentlichen Autoren sind weder Dogmatiker noch Mystiker im heutigen Sinn. Ihre Texte sind nicht dem persönlichen Erleben verpflichtet wie jene der Mystikerinnen und Mystiker, sondern der gemeinschaftlichen Erfahrung der

Urkirche. Gleichzeitig steht ihre Glaubensreflexion noch nicht in einer langen Reihe kirchlichen Denkens und Lehrens; ihre Texte beziehen sich vielmehr auf die Zeugnisse derer, die am normativen Ursprung dieser Tradition stehen. Ich lese im Folgenden den Text des Markusevangeliums und setze ihn mit meiner *heutigen* Frage nach der Abwesenheit oder einem »Fehlen« Gottes in Beziehung.[9]

Das Markusevangelium:
Der Weg Jesu zwischen Nähe und Ferne Gottes

Markus lässt sein Evangelium konsequent von der Frage nach dem Geheimnis Jesu leiten: Wer ist dieser? Gottes Sohn!? Eine Antwort wird der- oder diejenige erhalten, so wird es im Lesen Schritt für Schritt erschlossen, der bzw. die sich auf den Weg der Nachfolge einlässt. Christuserkenntnis und Nachfolge gehören untrennbar zusammen. Nachfolge ist dabei nicht auf den ethischen Aspekt zu reduzieren im Sinn von: seine Botschaft in die Tat umsetzen. Vielmehr wird das Fundament dieser Ethik freigelegt, man könnte auch sagen: die mystische Dimension der Nachfolge. Sie besteht in der Teilnahme am Leben Jesu selber, an seiner Beziehung als Sohn zu Gott, seinem Vater, einer Beziehung großer Nähe und unerträglicher Ferne.

Markus ist ein großer Erzähler, der sein Evangelium an den entscheidenden Stellen immer wieder zu Bildern verdichtet. Sie interpretieren sich gegenseitig und ergeben erst in ihrer Gesamtheit das Bild von »Jesus Christus, dem Sohn Gottes«. Der Evangelist benutzt vier große Bilder: Die Taufe Jesu am Beginn seines Weges, die Verklärung in der Mitte, den Tod Jesu am

Zielpunkt seines Weges und die Auferstehung am Wendepunkt des Weges.

Der Geliebte: Die Taufe Jesu (Mk 1,9–11)

Das erste Bild zeigt Jesus, der von Nazaret zum Jordan hinabsteigt, um sich von Johannes taufen zu lassen. Die Ortsangabe ist nicht zufällig. Die Bibel kennt eine Topographie des Heils, die in der Pilgertradition weiter konkretisiert wird. Seit dem dritten Jahrhundert verehren die christlichen Pilger den Ort der Taufe Jesu bei einer Quelle, die von Osten her in den nahen Jordan fließt, wenige Kilometer vom Nordende des Toten Meeres entfernt. Hier, an dem durch gewaltige Erdverschiebungen auseinandergerissenen Becken des Toten Meeres, ist der tiefste Punkt der Erde: Die Wasseroberfläche des Toten Meeres liegt an dieser Stelle 400 Meter unter dem Meeresspiegel, der Grund erreicht 794 Meter. Es ist tatsächlich der tiefste Punkt der Erde, an dem Jesus sich eintauchen lässt. Gott beginnt seinen Weg vom untersten Punkt aus. Und er stellt sich in den Riss, der durch die Erde geht, und, damals wie heute, geographisch und politisch die Menschheit zu zerreißen droht. Jesus wählt als Standort für sein Leben den Riss. Und es wird ihn zerreißen. Der Ort seines Sterbens, ausgespannt zwischen Himmel und Erde am Kreuz, macht das sichtbar. Doch hier, am Ort seines Untertauchens am Beginn seines Weges sieht Jesus, wie der Himmel zerreißt – oder wörtlich: sich spaltet – und der Geist wie eine Taube auf ihn herabkommt. Er hört die Stimme aus dem Himmel, die ihn als den geliebten Sohn anredet. Das ist Nähe Gottes in ihrer klarsten Form. Die Bewegung zwischen Himmel und Erde, oben und unten, ist dabei sehr genau zu sehen. Jesus lässt sich zunächst von Johannes untertauchen. Als er wieder emporsteigt, steigt der Geist auf ihn herab. In diesem Absteigen in die Flut, dem Aufsteigen aus ihr und dem dann von oben her Empfangen deutet sich jene Bewegung an, die zur Grundbewegung des Evangeliums wird.

Das Zelt Gottes: Die Verklärung Jesu (Mk 9,2–13)

In der Mitte des Evangeliums steht die Verklärung Jesu. Sie beginnt nicht mit einem Abstieg in den Fluss, sondern mit einem Aufstieg. Was jetzt passiert, geschieht nicht für Jesus, sondern für die Jünger. Sie werden Zeugen der strahlenden Nähe Gottes in Jesus. Petrus wird von Gottesfurcht erfasst. Seine Reaktion ist nicht so verkehrt: Wo Gott gegenwärtig ist, baut der Mensch ein Zelt, eine Wohnstatt für Gott und einen Ort der Anbetung. Es geht nicht darum, eine angenehme Situation festhalten zu wollen; Petrus findet es keineswegs »nett hier oben«, sondern er ist zutiefst erschreckt und fürchtet sich, weil er sieht, dass Gott hier gegenwärtig ist. Sein Fehler liegt darin, dass er drei Hütten bauen will, weil er noch nicht verstehen kann, dass Jesus allein die Gegenwart Gottes ist. Er versteht noch nicht die Rolle des Elija als Vorläufer und des Mose als den beiden großen Zeugen, die auf den einen hinweisen, in dem sich die Nähe Gottes erfüllt. Das Buch Exodus endet mit dem Einzug Gottes in das Offenbarungszelt, in dem er fortan sein Volk begleiten wird: »Dann verhüllte die Wolke das Offenbarungszelt und die Herrlichkeit des Herrn überschattete die Wohnstätte. Mose konnte das Offenbarungszelt nicht mehr betreten, denn die Wolke lag darauf und die Herrlichkeit des Herrn erfüllte die Wohnstätte.«

(Ex 40,34f.) Dies geschieht nun hier vor den Augen der Jünger. In der Wolke offenbart sich Gott und verbirgt sich zugleich. Insofern entspricht die Wolke dem Geist, der in der Taufe herabkommt – auch von ihm kann gesagt werden, dass er »überschattet« (Lk 1,35). Die Stimme ist dieselbe wie bei der Taufe, doch nun ertönt sie für die Jünger und verweist sie auf den geliebten Sohn. Entsprechend endet die Szene damit, dass sie nur noch den einen sehen, der bei ihnen ist: Jesus.

Das Geschehen auf dem Berg hat die Identität Jesu geoffenbart: In ihm ist Gott gegenwärtig; die Theophanie ist Jesus, die Nähe Gottes in Person. Die Jünger sehen es und verstehen es dennoch nicht und können es auch nicht verstehen, weil »der Menschensohn« noch nicht »von den Toten auferstanden« ist. Das ist keine Sperrfrist für die Weitergabe eines Geheimnisses, sondern die Voraussetzung, dieses überhaupt verstehen zu können. Deshalb muss an dieser Stelle noch einmal die Rolle des Elija geklärt werden, der als Vorläufer erwartet wird, der alles wiederherstellt. Jesus macht klar: Auch der wiedergekommene Elija ist eines gewaltsamen Todes gestorben und deshalb wird sich dieses Schicksal auch am Menschensohn erfüllen. Elija vertritt in der Verklärung also auch die Rolle des Täufers bei diesem Geschehen und stellt damit eine weitere Verbindung zur Taufe her.

Gottesnähe – Gottesferne? Größere Nähe ist nicht denkbar, und dennoch bleibt Jesus für seine Jünger hier noch fern, da sie ihn nicht verstehen. Das Zelt, der Ort der Gegenwart Gottes, ist schon unter ihnen und geht mit ihnen den Berg hinab auf den Weg nach Jerusalem, aber sie erkennen ihn nicht. Der Schlüssel wird genannt, kann aber noch nicht öffnen. Das geschieht erst am Zielpunkt des Weges Jesu, auf dem Berg Golgota.

Dunkle Epiphanie: Der Tod Jesu (Mk 15,33–39)

Auf Golgota sind die Jünger nicht mehr dabei. Sie sind davon-
gelaufen. Was hier geschieht, ist wie in der Taufe ein Geschehen zwischen Gott und seinem Sohn. Die Erzählung der Kreu-
zigung Jesu zeigt ab der dritten Stunde seine schrittweise
Entblößung und Vereinsamung. In der sechsten Stunde hält
die Zeit vollends an. Die Finsternis bricht herein und dauert
bis zur neunten Stunde. Was geschieht in diesen drei langen
Stunden? Nichts darüber wird gesagt. Das schafft einen Hohl-
raum, dessen gewaltige Kraft dann im Schrei Jesu zum Aus-
bruch kommt. In diesem Schrei ergreift Jesus zum ersten und
einzigen Mal während der ganzen Hinrichtung selbst die Ini-
tiative. Er ist deshalb sein deutendes Wort für dieses Geschehen. Der Schrei wird von den Soldaten missverstanden oder
grausam missdeutet; auf diese Weise kommt jedoch, wie im
Missverständnis des Petrus auf dem Berg Tabor, wieder Elija
ins Spiel, der Vorläufer, der bereits gekommen ist und deshalb
nicht wiederkommen kann. Der Hohn der Soldaten will eine
Botschaft für die Leserinnen und Leser des Evangeliums sein,
dass nichts mehr zu erwarten ist, sondern jetzt alles Erwartete
geschieht. Ob Jesus einen zweiten Schrei ausstößt (Mk 15,37)
oder ob es sich um einen einzigen gewaltigen Todesschrei handelt, ist nicht eindeutig zu sagen; mit diesem Schrei haucht er
den Geist aus.

Wie bei der Verklärung geschieht nun ein Zeichen von Gott
her: Der Vorhang im Tempel, das mit dem Sternkreis bestickte
Symbol des Himmels, zerreißt. Die Stimme, die nun zu hören
ist, ist aber nicht die Stimme Gottes, sondern die des heidnischen Hauptmanns. Er war die ganze Zeit Jesus gegenüber und
hat ihn sterben sehen. Das führt ihn nun zu seiner Aussage:

»Dieser Mensch war ein Sohn Gottes.« (Mk 15,39) Jetzt ist es sichtbar, noch nicht für die Jünger, aber für die Augen des Römers als dem Vertreter der ganzen heidnischen Welt.

Der Vorhang verhüllt das Allerheiligste des Tempels, der von Menschenhand gebauten prunkvollen Gestalt des Offenbarungszeltes. Er trennt die sündige Welt von der für den Sünder tödlichen Heiligkeit Gottes, denn es gilt: »Kein Mensch kann mich sehen und am Leben bleiben.« (Ex 33,20) Wenn jedoch der, der Gottes Zelt ist, der Ort seiner Gegenwart, in dem seine Herrlichkeit aufstrahlt, als der Gekreuzigte unverhüllt sichtbar wird, selbst für die Augen der Heiden, dann hat der Vorhang im Tempel seine Funktion verloren. Das Zelt hat sich an einem anderen Ort geöffnet, wo alle es betreten können. Dieser Ort ist das Gegenteil eines heiligen Tempels: ein verfluchter Hinrichtungsort außerhalb der heiligen Stadt, ein Ort menschlichen Richtens und Verurteilens, ein Ort der Finsternis, des Todes und der Gottverlassenheit. Dort geschieht nun die Epiphanie Gottes, aber es ist eine dunkle Epiphanie: Gottes Gegenwart im Gekreuzigten und Verlassenen. Gottesnähe in der äußersten Gottferne.

Der Vorhang zerreißt: Taufe und Tod

Die Kühnheit dieser Aussage wird erst richtig verständlich, wenn man den Tod Jesu nicht nur mit seiner Verklärung, sondern mit seiner Taufe vergleicht. Markus hat beide Szenen eindeutig aufeinander bezogen. Der Tod liest sich wie eine Inversion der Taufe: Nähe wird zur absoluten Ferne. Am Jordan sieht Jesus; er erhält eine Offenbarung vom Vater. Auf Golgota sieht er drei Stunden lang nichts. Die Finsternis ist Ausdruck dessen, was der Schrei verbalisiert: Verlassenheit, keine Offenbarung vom Vater. Der, den die Stimme als den geliebten Sohn anredete und der Gott deshalb im Leben seinen Abba, Vater, nannte, schreit im Sterben seine Finsternis einem distanzierten und fernen *Eloi* entgegen. Gottesferne als grausame Realität.

Bei der Taufe zerreißt der Himmel; Gott spricht, Jesus schweigt, sieht und hört, der Geist kommt auf ihn herab. Am Kreuz schreit Jesus, Gott schweigt – sieht und hört nichts? –, und Jesus haucht den Geist aus. Und nach diesem Tod in der Finsternis und nach dem Schrei ins Schweigen Gottes hinein beginnt eine neue Handlungsfolge. Jetzt handelt Gott, jetzt zerreißt der symbolische Himmel vor dem Allerheiligsten, »er spaltet sich« – dasselbe Wort wie bei der Taufe! –, und der Hauptmann spricht aus, was nicht einmal die Jünger erkannt haben, weil es erst in der Begegnung mit dem Gekreuzigten zu sehen ist: »Dieser Mensch war Gottes Sohn.« (Mk 15,39) Im Tempel galt: Wer Gott sieht, muss sterben. Auf Golgota gilt: Jesus stirbt, damit wir Gott sehen können.

Wer ist dieser? Theologische Deutung

Wenn ich die Bilder des Markusevangeliums in dieser Weise lese, sie miteinander in Beziehung setze und die Verbindungslinien unter ihnen sehe und interpretiere, wird eines deutlich: Markus erzählt weit mehr als historische Begebenheiten, auch wenn diese die Grundlage seiner Erzählung bilden. Hier geschieht Deutung, theologische Durchdringung des Geschehens. Wer ist dieser? Das ist die Leitfrage des Evangeliums. Es wird von Anfang an gesagt, wer dieser ist: Jesus Messias, der Sohn Gottes. Was das aber beinhaltet, wird dann erst im Mitgehen des Weges Jesu Schritt für Schritt erschlossen. »Sohn

Gottes« heißt Beziehung, Angeredetsein, Geliebtsein, heißt Gottesnähe bis zu dem Punkt, dass Gott in diesem Sohn selbst zum Leuchten kommt und sichtbar wird, dass er die Nähe Gottes nicht nur zu den Menschen bringt, sondern selber ist: Die Herrlichkeit zeigt sich auf dem Tabor nicht *für* ihn, sondern *in* ihm für die Jünger. Jesus ist das Zelt, in dem die Herrlichkeit Gottes Wohnung genommen hat. Die Jünger sind Gott in Jesus immer nahe, ohne ihn zu erkennen. Denn es fehlt ihnen der Schlüssel, und der wird im Sterben gegeben.

Was geschieht nun in diesem Tod? Ein Tausch: Der aus der Nähe Gottes lebt, findet sich am Punkt der Ferne; und der Heide, der in der Gottferne lebt, findet gerade in der Nähe des Gottverlassenen – ihm gegenüber – zu jener Erkenntnis, die das Ziel des Evangeliums darstellt: Jesus ist der Sohn Gottes, die menschgewordene Nähe Gottes. Das kann er jedoch erst sagen, nachdem Jesus am Ort der Ferne seinen Geist gegeben hat. Erst dann wiederholt sich das Taufgeschehen unter dem Kreuz für den Heiden: Der Himmel zerreißt, die Identität des Sohnes wird sichtbar. Das ist ein Geschehen, das nur »im Geist« zu denken ist, auch wenn Markus dies nicht wie Paulus oder Lukas ausdrücklich als Pfingstszene thematisiert.

Markus verdichtet den Umschlagpunkt – die Peripetie – von der Nähe in die Ferne und aus der Ferne in die Nähe im Schrei der Gottverlassenheit Jesu, den er aus den drei Stunden der wort- und handlungslosen Finsternis hervorbrechen lässt. Es ist ein Psalmzitat, also ein Gebet, aber das Gebet am äußersten Punkt. Ausgehaltene Nicht-Beziehung als radikalster Ausdruck von Beziehung. Markus zitiert ganz bewusst diesen ersten Vers von Psalm 22. Es verharmlost die Situation, wenn man hier den ganzen Psalm mit seinen Hoffnungs- und Heilsaussagen mitgebetet hören will. In der Finsternis dieser Stunden ist eben kein

Licht, zumindest nicht für den, der darin aushält. Das Licht ist auf andere Weise zu suchen und zu sehen. Nicht im rekonstruierten Trost nicht gesprochener Worte, sondern in dem, was der Hauptmann gesehen haben muss: einen Menschen, der an seinem Gott festhält, selbst wenn dieser ihn – so muss es scheinen – losgelassen hat. Für Markus ist das eine Aussage über Jesu radikale Glaubenskraft, die er auch an anderen Stellen im Evangelium als Jesu Gebetsglauben thematisiert (Mk 9,23; 11,20).[10] Sich diesem Gott radikal überlassen zu können, selbst in die Nacht der Gottferne hinein, das kann nur jemand, dem sich Gott seinerseits ganz und gar überlassen haben muss: der Sohn. In der Taufe wird diese Sohnesbeziehung von Gott her offenbart, am Kreuz ist es Jesus, der sie zeigt, weil er sie lebt bis in die äußerste Konsequenz.

Aus der Intensität dieses Bildes von Erlösung, wie es Markus zeichnet, kann man sich schwer wieder lösen. In der Sprache des Theaters: Jetzt sollte der Vorhang fallen und die Zuschauer erschüttert und gewandelt nach Hause gehen. Ist nicht schon alles gesagt? Ja, und dennoch fehlt noch Entscheidendes. Deshalb muss noch das vierte Bild kommen.

»Er ist nicht hier«:
Die Auferstehung (Mk 16,1–8)

Das Markusevangelium endet wie ein modernes Theaterstück: offen, ohne die erwartete Begegnung mit dem Auferstandenen, stattdessen mit einer Antwort, die wieder auf den Weg schickt. Legt man diese Erzählung neben die anderen, lässt sich wieder die Tiefenstruktur des Erzählten entdecken. Diesmal ist es wie bei der Verklärung ein Geschehen für die Jünger, die als Weggelaufene jedoch von den Jüngerinnen »vertreten« werden. Das Offenbarungsgeschehen selber, die Auferstehung, kommt nur indirekt zur Schilderung: »in aller Frühe«, da sie stattfindet, ist die Sonne gerade noch nicht aufgegangen; wenn sie am Grab dennoch aufgegangen ist, so geschah hier ein anderer Aufgang. Wieder gibt es eine Art Missverständnis oder eine unangemessene Fehlreaktion; diesmal sorgen sich die Frauen um den Stein, wie auf dem Berg Petrus sich mit den Zelten beschäftigen wollte. Für den Leser lässt sich ein kleiner humoristischer Zug nicht verbergen. Auf dem Tabor steht das Zelt lebendig vor ihm – und Petrus will drei andere bauen; die Sache mit dem Stein hätte schon vorher überlegt werden müssen und ist angesichts der aufgegangenen großen Sonne längst hinfällig. Die Offenbarung geschieht diesmal nicht von oben, sondern im Grab, in das die Frauen hineingehen. Dort sehen sie einen Boten in weißem Gewand. Das Erschrecken der Frauen zeigt: Sie werden Zeuginnen einer Theophanie, einer Erscheinung Gottes. Sie sind gekommen, um den Leichnam Jesu zu sehen und zu berühren, und nun wird ihnen gesagt: Der Gekreuzigte ist nicht hier. Er ist auferstanden. Sehen dürfen sie die Stelle, an der sein Leichnam gelegen hat. Er aber ist nicht da. Und nun der Auftrag an Petrus und die Jünger: »Er geht euch voraus nach Galiläa. Dort werdet ihr ihn sehen.« (Mk 16,7) Mit dem Erschrecken und dem Schweigen und der Furcht der Frauen endet das Markusevangelium.

Der Auferstandene entzieht sich zunächst, lässt sich nicht sehen und berühren wie in den anderen Evangelien. Die Verheißung besteht im Weg nach Galiläa, dorthin, wo die Beziehung zu ihm ihren Anfang genommen hat. Er kommt nah, indem man ihm auf dem Weg folgt, den er vorausgeht.

Das Fehlen des Auferstandenen
und die Auferstehung auf dem Weg

Markus verdichtet seine Christologie zu vier großen Bildern. Das Thema Gottesnähe und Gottesferne ist dabei der Schlüssel, um sie aufeinander zu beziehen und zu verstehen. Es ist zunächst ein Schlüssel für Jesus selbst, ausgespannt zwischen den beiden Extremen von Taufe und Tod am Beginn und am Ende seines Weges.

Für die Jünger, die am Jordan und auf Golgota nicht anwesend sind, geschehen die entscheidenden Momente auf dem Berg und am Grab. Dort jedoch, wo er vor ihnen steht, erkennen sie ihn nicht, und dort, wo man ihn zu sehen erwartet, ist er nicht da. Auf diese Weise werden nicht in erster Linie die Jünger im Evangelium enttäuscht, sondern die Leserinnen und Leser des Markusevangeliums. Sie wollen eine Begegnung mit dem Auferstandenen sehen, aber die wird ihnen vorenthalten. Wo ist er zu sehen? Der Schluss des Markusevangeliums sagt: Er ist »nicht hier«, er ist unverfügbar, er entzieht sich, er »fehlt«. Er wird sich jedoch schenken – auf dem Weg. Diesen Weg geht er voran, also wird man ihm nachgehen müssen. Diese Botschaft richtet sich zunächst an Petrus und die Jünger, aber sie gilt allen Gläubigen. Ihr Leben führt mit Jesus von Golgota her nach Galiläa, das heißt: wieder auf den Weg der Nachfolge. Und wenn man in Galiläa wieder beginnt, wie er gesagt hat, dann wird man mit »österlichen Augen« das Leben Jesu, wie es das Evangelium zeigt, neu sehen können: zunächst die Heilungen als Siege über den Tod und »Auferstehungen auf dem Weg«; seine Freundschaften und Beziehungen mit den Zöllnern und Sündern, die er so lebt, als sei der Vorhang des Tempels schon immer zerrissen gewesen und der Unterschied zwischen Reinen und Unreinen, zwischen Sakralem und Profanem schon immer hinfällig. Schließlich wird man wieder auf dem Berg stehen und für einen Augenblick das Licht sehen und die Stimme hören. Dann versteht man: Das ist der Auferstandene, der sich hier offenbart, den man am Grab erwartet hatte. Der Auferstandene ist jedoch nicht festzuhalten, weil er die Nähe Gottes ist, der unverfügbar ist. Er ist ein Auferstandener »auf dem Weg«. Er geht deshalb sofort wieder weiter, und zwar mit den Gläubigen auf ihren Weg nach Jerusalem. Die Verklärung ist erst von Golgota her zu verstehen. Es ist die Radikalität der Glaubenserfahrung Jesu, die Auferstehung möglich macht.[11]

Der Gottferne – ganz nah

Golgota als Ort der dunklen Offenbarung spricht hinein in die Gottferne dieser Tage. Jesus verliert die Nähe Gottes, um sie zu offenbaren und zu schenken; da er dem Menschen nahe kommt in der Situation der Gottferne, wird er zum Ort, wo die Menschen in ihm Gott sehen und berühren können. Und umgekehrt: In Jesus, dem Gottfernen, kommt Gott dem Menschen in seiner Gottferne nah.

Diejenigen, die wir Mystikerinnen und Mystiker nennen, sind Menschen, deren Liebe den Fehlend-Nahen aufspüren und seine Verkleidungen enttarnen kann: »So bist Du also, wer hätte das gedacht?« Für sie wird das dunkle Paradox immer wieder zur lichtvollen Überraschung. Es sind dies Menschen wie Paulus von Tarsus, Mechthild von Magdeburg, Teresa von Kalkutta oder Chiara Lubich.[12] Wenn ich das Bild von Erlösung jedoch ernstnehme, das Markus auf Golgota zeigt, haben diese Mystikerinnen und Mystiker unzählige Gefährtinnen und Gefährten. Für die Augen des Glaubens – die dies freilich als Geheimnis in Ehrfurcht hüten – ist die Gottesnacht der Menschen geheiligt durch die Gegenwart des allein Heiligen.

Anmerkungen

[1] Diesen Gedanken bin ich auch nachgegangen in: Margareta Gruber, Der Vorhang zerreißt – Nähe und Ferne Gottes im Markusevangelium, in: Geist und Leben 87 (2014), 184–192. Ich greife hier darauf zurück.

[2] Thomas Hieke, Schweigen wäre gotteslästerlich. Klagegebete – Auswege aus dem verzweifelten Verstummen, in: Georg Steins (Hg.), Schweigen wäre gotteslästerlich. Die heiligende Kraft der Klage, Würzburg 2000, 45–68, hier: 66.

[3] Vgl. Walter Groß, Keine Gerechtigkeit Gottes ohne Zorn Gottes. Zorn Gottes in der christlichen Bibel, in: Günter Kruck – Claudia Sticher (Hg.), »Deine Bilder stehn vor dir wie Namen«. Zur Rede von Zorn und Erbarmen Gottes in der Heiligen Schrift, Mainz 2005, 13–30.

[4] Vgl. Walter Groß, Gott als Feind des Einzelnen? Psalm 88, in: Walter Groß – Karl-Josef Kuschel (Hg.), »Ich schaffe Finsternis und Unheil!«. Ist Gott verantwortlich für das Übel?, Mainz 1992, 46–59.

[5] Vgl. Friedrich Nietzsche, Die fröhliche Wissenschaft, Aphorismus 125, in: Giorgio Colli – Mazzino Montinari (Hg.), Sämtliche Werke Bd. 3. Kritische Studienausgabe, München – Berlin – New York 1980, 480–482. Vgl. Jürgen Werbick, Wohin ist Gott? Eine fundamentaltheologische Spurensuche. Im vorliegenden Band, 69–90.

[6] Vgl. Walter Groß, Das Negative in Schöpfung und Geschichte: YHWH hat auch Finsternis und Unheil erschaffen (Jes 45,7), in: Ders. – Karl-Josef Kuschel (Hg.), »Ich schaffe Finsternis und Unheil!« (s. Anm. 4), 34–45.

[7] Vgl. Margareta Gruber, Abba – im Geist des Sohnes beten. Die Krise der Auferstehung und der Gebetsglaube Jesu, in: Andreas Redtenbacher – Markus Schulze (Hg.), Sakramentale Feier und theologia prima. Der Vollzug der Liturgie als Anfang und Mitte der Theologie, Freiburg i. Br. 2019, 125–140.

[8] Hier denke ich an Teresa von Kalkutta, die sich selbst (!) als eine »Heilige der Dunkelheit« bezeichnet hat. Vgl. Mutter Teresa, Komm, sei mein Licht, München 2010, 270. Für Chiara Lubich ist Jesus in seiner Verlassenheit, die sie als den Höhepunkt seiner Liebe erkennt, das Zentrum ihrer Spiritualität. Vgl. Chiara Lubich, Der Schrei der Gottverlassenheit. Der gekreuzigte und verlassene Jesus in Geschichte und Erfahrung der Fokolar-Bewegung, München 2001. Der große Mystiker der Nacht ist Johannes vom Kreuz, auf den sich spätere Deutungen immer wieder beziehen. Vgl. ferner zeitgenössisch und eindringlich: Carola Moosbach, Schrei- und Störworte: »Es fehlt so viel«, in: Dies, Ins leuchtende Du. Aufstandsgebete und Gottespoesie, Göttingen 2021, 23–44.

[9] Vgl. zur Grundlegung der Schriftinterpretation: Margareta Gruber, Verwandelndes Verstehen. Exegese und Schrifthermeneutik nach dem Zweiten Vatikanum, in: Margit Eckholt – Habib El Mallouki (Hg.), Offenbarung und Sprache. Hermeneutische und theologische Zugänge aus christlicher und islamischer Perspektive, Göttingen 2021, 105–129.

[10] Vgl. Gruber, Abba – im Geist des Sohnes beten (s. Anm. 7).

[11] Vgl. Margareta Gruber, Die Abwesenheit des Auferstandenen und der Körper des Verschwundenen. Spuren einer kenotischen Ostertheologie im Neuen Testament, in: Lebendige Seelsorge 71 (2020), 239–244.

[12] Vgl. Literaturangaben in Anm. 8.

Klaus Kleffner

Die Botschaft
der Dunklen Nacht

Eine Spurensuche
in der spanischen Mystik

»Bisher konnte ich immer gut beten, die Heilige Schrift hat mich inspiriert, aber seit einiger Zeit kann ich weder zu Gott sprechen noch von ihm her etwas vernehmen.« – »All die Jahre habe ich meine Meditationsübungen genossen, konnte mich konzentrieren und war mit Gott ganz innig verbunden. Jetzt aber hat sich eine dunkle Wand dazwischengeschoben. Ich empfinde in meinen Übungen nichts mehr.« Seit Menschengedenken erfahren Betende und spirituell Suchende auf ihrem Weg persönliche religiöse Krisen. Die plötzliche oder manchmal auch schleichend sich einstellende Erfahrung von Gottesferne nach langer, intensiver Zeit unproblematisch erfahrener Gottesbeziehung ist Anlass zu Irritationen, Erschrecken und Enttäuschungen. Für viele geistlich Suchende und unter ihnen gerade für die spirituell hoch Engagierten scheint diese krisenhafte Erfahrung endemisch zu sein. Wir fassen in den unterschiedlichen christlichen Traditionen dieses Erleben mit den Begriffen »Dunkle Nacht«, »Trockenheit«, »Eliasmüdigkeit«, »Gottesverdunklung«, »Gottferne«, »Gottvermissen« oder anderen Begriffen. In diesem Erfahrungskreis leiden die Betroffenen oft große Not und machen schwerere Phasen von Ängsten, Traurigkeit und Verzweiflung durch. Die Ähnlichkeiten zur Depression liegen auf der Hand, allerdings ist die Dunkle Nacht davon zu differenzieren. Es gibt zwar Berührungspunkte beider Erfahrungsebenen und Phänomene, aber ihre Unterscheidung ist sinnvoll und hilfreich.[1]

Die erste gute Nachricht: Viele – fast alle – großen Gestalten des Gebetslebens und die meisten Lehrerinnen und Lehrer des spirituellen Weges der christlichen wie auch der nichtchristlichen Traditionen aller Epochen kennen diese persönlich erfahrene Gottferne. Das mag uns noch nicht trösten, aber es könnte zunächst beruhigen, wenn wir hören, damit nicht allein zu sein. Wir erahnen, dass diese Erfahrung keine Einbildung ist. Die zweite gute Nachricht schließt sich an: Die Mütter und Väter im Glauben haben sich damit so auseinandergesetzt und uns ihre Überlegungen und Hinweise dazu hinterlassen, dass sie uns Deutungshilfen, Umgangsweisen und konkrete Hilfen an die Hand geben, solche Krisen durchzuleben.

In diesem Beitrag versuche ich, zu einem ehrlichen Umgang mit dem Gottvermissen zu ermutigen und zu einer offenen Verkündigung der Erfahrung von Gottferne zu ermuntern. Ich greife dabei auf das geistliche Werk der spanischen Mystik des Johannes vom Kreuz zurück.[2]

Dunkle Nacht als spirituelle Wandlungswege

Johannes vom Kreuz beschreibt den Weg zur Einung mit Gott als Transformationsprozess mit dem Begriff der »Dunklen Nacht«.[3] Es handelt sich bei ihm also nicht um ein abgeschlossenes Phänomen innerhalb des geistlichen Weges eines Lebens mit und in Gott, sondern um eine umfassende Umwandlungsbewegung dieses gesamten geistlichen Lebens. In anderer Metaphorik spricht Johannes auch vom »Aufstieg auf den Berg Karmel«.[4] Diese beiden Begriffe sind zugleich die Titel zweier seiner Hauptwerke, in denen er sein zugrundeliegendes Gedicht *Lied von der dunklen Nacht* (orig.: *En una noche oscura*) ausfaltet. In ihnen werden drei Dunkle Nächte beschrieben, die unterschiedlich erlebte geistliche Erfahrungen mit gemeinsamer Ursache und jeweils eigener Umgangsweise darstellen.[5]

Dunkle Nacht als religiös-spirituelle Verdunkelung bedeutet die persönliche Erfahrung des Einzelnen. Anders als »Finsternis« ist für Johannes die Dunkle Nacht nicht durch eigene Sünden selbst verschuldet. Der Dunklen Nacht gehen positive Erfahrungen mit Gott und seinem Wirken voraus. Doch dann kommt es dem so »verwöhnten« Menschen vor, als entziehe sich Gott. Johannes beschreibt das mit folgendem Bild: »Wenn sich ein Mensch entschlossen dem Dienste Gottes zuwendet, zieht ihn Gott für gewöhnlich im Geist auf und verwöhnt ihn, wie es eine liebevolle Mutter mit einem zarten Kind macht. Sie wärmt es an ihrer warmen Brust, zieht es mit köstlicher Milch und leichten, süßen Speisen auf, trägt es auf dem Arm und verwöhnt es. In dem Maße aber, wie es größer wird, hört die Mutter nach und nach auf, es zu verwöhnen, verbirgt ihre zarte Liebe und bestreicht ihre süße Brust mit bitterem Aloesaft [die damalige Methode des Abstillens, d. Verf.]. Sie lässt es von ihren Armen herab und stellt es auf die eigenen Füße. Es soll die Eigenheiten eines Kindes verlieren und sich größeren, wesentlicheren Dingen hingeben. Die Gnade Gottes, diese liebevolle Mutter, tut das gleiche mit dem Menschen, wenn sie ihn durch neue Wärme und neues Feuer für den Dienst Gottes wiedergebiert. Sie lässt ihn in allen Dingen, die mit Gott zu tun haben, ohne jegliche eigene Anstrengung süße und köstliche geistliche Milch finden und großen Geschmack an geistlichen Übungen. Hier gibt ihm nämlich Gott die Brust seiner zarten Liebe, ganz so wie einem zarten Kind.«[6] Und weiter: »Da Gott spürt, dass Menschen mit ihrer Seele bereits ein klein bisschen gewachsen sind, nimmt er sie von seiner süßen Brust weg, damit sie nun erstarken und aus den Windeln herauskommen, lässt sie von seinen Armen herab und gewöhnt sie daran, auf eigenen Füßen zu gehen. Dabei spüren sie etwas ganz Neues, denn für sie hat sich alles auf den Kopf gestellt.«[7] Die Dunkle Nacht ist also in diesem Sinne ein Läuterungsweg, der zu einem erwachseneren Glauben führt und im wahrsten Sinne des Bildes selbst-ständig macht.

Gottes mütterliche Liebe führt nach Johannes den Menschen in dreifacher Hinsicht ins Dunkel: in die Erfahrung der Nacht des Sinnenbereiches (Beginn der Nacht, Abenddämmerung), in die Erfahrung der Nacht des Geistes bzw. des Glaubens (Mitternacht mit ihrer tiefsten Dunkelheit) und in die Erfahrung der Nacht des Glaubensweges (Morgendämmerung), die von Johannes selbst als die Nacht, die Gott ist, bezeichnet wird.[8] Diese drei Erfahrungsweisen sind nicht als streng gereihte oder als zwangsläufig aufeinander folgende Stufen oder Stadien zu verstehen. Der Erfahrungsmodus der Dunklen Nacht ist bei aller Herausforderung und streckenweisen Schwere nicht nur negativ zu verstehen, führt er doch zu einem unverstellteren Leben mit Gott.

Die Nacht des Sinnenbereiches

Während in der Nacht des Sinnenbereiches dem anfänglich auf Gott ausgerichteten Menschen wegen seiner Berührung mit der göttlichen Wirklichkeit bisherige Reichtümer relativiert werden und das, was im Hellen als wertvoll und unentbehrlich erschien, seinen Absolutheitsanspruch und seine Letztgültigkeit einbüßt, ordnet sich seine Sicht der Welt. Gott mit seinem Liebeswillen rückt in den Mittelpunkt der Aufmerksamkeit und der Ausrichtung. »Es ist die Zeit, oder richtiger, es sind die auch mehrfach wiederkehrenden Zeiten im Leben, die aus dem Kind den Erwachsenen, den Lebensgefährten Gottes machen.«[9] Diese natürliche oder sinnliche Nachterfahrungsweise widerfährt vor allem in jenen Zeiten stärker, in welchen jemand mit dem geistlichen Leben oder mit neuen Gebetsübungen angefangen hat.

Die Nacht des Geistes bzw. des Glaubens

Für unsere Überlegungen ist nun die Nacht des Geistes interessanter, die von Johannes auch Nacht des Glaubens genannt wird. Hier entwickelt sich das Gefühl, Gott sei gänzlich abhanden und entglitten – trotz und in aller Bemühung und Anstrengung, ihn zu behalten oder sich an ihm festzuhalten. Dazu Johannes: »Je mehr sich nämlich der Mensch Gott nähert, umso dunkler empfindet er wegen seiner Schwachheit die Finsternis und umso tiefer die Dunkelheit; so wie der helle Schein der Sonne, wenn einer näher zu ihr hinkäme, ihm wegen der Schwäche und Trübung seiner Augen mehr Dunkelheit und Schmerz verursachen würde. So unermesslich ist das geistige

Licht Gottes und so weit übersteigt es das natürliche Erkennt-
nisvermögen, dass es den Menschen blind macht und verdunkelt, wenn er näher kommt. (...) So ist das, was in Gott Licht
und höchste Klarheit ist, für den Menschen dunkelste Finsternis, wie der heilige Paulus sagt (1 Kor 2,14).«[10] Die emotionalen
wie auch intellektuellen Kräfte sind in dieser Erfahrungsweise
der Nacht des Glaubens überfordert bzw. setzen aus; je mehr man
sich anstrengt, umso weniger vermögen sie. Denn nun ist Gott

initiativ, ohne dass ich es direkt bemerke oder für möglich halten
kann. Es ist ein Nichterfahren Gottes, das jedoch objektiv gesehen kein Zeichen seiner Abwesenheit darstellt. Das wachsende
Bewusstwerden, dass Gottes Licht in die Seele dringt, kann oft
im Nachhinein als eine andere Zuwendung Gottes oder als seine
neue Annäherung gedeutet werden. Auch wenn in solchen Phasen der Eindruck entsteht, dass Gott mich verlassen habe und
dass mein Beten unfruchtbar und alle Übungen vergeblich geworden seien, wächst untergründig, und zunächst ohne dass ich
es bemerken kann, etwas Neues. »Von hilfloser Lethargie bis zu
abgrundtiefer Verlassenheit reicht die Skala der Intensität solcher
Nacht-Erfahrung. (...) Es ist Nacht, dunkle Mitternacht. Nur
eines bleibt: das gottverwundete Herz – und das sichere (aber
verdrängbare!) Wissen, dass Geringeres als das von Gott her
Erfahrene nicht mehr genügt.«[11] Nur im Rückblick, also nach
einer solchen erlittenen Nachterfahrung, lässt sich deuten: »Das
bedeutete großes Glück und gutes Geschick für mich, denn (...)
ich trat aus meinem Umgang und Wirken nach menschlicher Art
heraus, hin zu einem Wirken und Umgang nach der Art Gottes.«[12]

Die dritte Dunkle Nacht wird vom Menschen als »genauso dunkle Nacht wie der Glaube«[13] erfahren: Hier wächst die Erkenntnis, dass im Glauben vieles, vor allem Gott selbst, im Dunkel bleibt, dass Gott Gott ist und immer der Größere, nie ganz Erfassbare und Erfühlbare bleibt und dass erst in der Vollendung seine vollkommene Schau möglich sein wird. Gott ist die Sonne des neuen Morgens: »Der Tag, der Gott ist (…) in der Glückseligkeit.«[14] Das bedeutet aber auch, dass die Nachterfahrung nie ganz überwunden wird, vielmehr bleibt sie eine Begleiterin des geistlichen Weges, des Glaubens. Dunkle Nacht, das sind Wandlungswege im geistlichen Wachstum.

Dasein vor dem Tun – und: Gott ist Gott

Zunächst sei festgehalten: Dunkle Nacht ist etwas sehr Normales, kein Sonderphänomen im Glauben, auch keine Ausnahmeerscheinung bei Menschen, die qua Beruf oder Lebensweg intensiver mit Gott umgehen. Sie ist auch nicht als Folge einer vernachlässigten Glaubenspraxis, schon gar nicht als Quittung für ein schuldhaftes Verhalten einzuordnen. Sowohl auf dem Weg eines vertiefteren Glaubens, z. B. durch stärkere Auseinandersetzung mit den biblischen Schriften, mit den Zeugnissen der geistlichen Traditionen, vor allem mit der Person Jesus von Nazaret, und erst recht im Einüben eines eigenen Gebetslebens und im aktiven Engagement für das Reich Gottes wird es früher oder später zu solchen nachthaften Krisen kommen. Dass davon so wenig oder oft nur hinter vorgehaltener Hand gesprochen wird, muss eigentlich trotz allen verständlichen Schamgefühls verwundern. Kommt hier doch etwas in den Blick, das bei aller erlebten Schwere eine wichtige Dimension des Glaubenslebens darstellt: die Unauslotbarkeit, das Unkontrollierbare und das nicht Herstellbare. Das gilt sowohl für die generelle Lebensführung des Einzelnen als auch für das Zusammenleben der Menschen wie auch für die Beziehung zu Gott. Die Erfahrung der Dunklen Nacht macht auf den »Rest« im spirituellen Weg aufmerksam, der immer dableibt und der jenseits des Bekannten und Gewussten existiert. Das Erleben der Trockenphasen ruft in Erinnerung, dass über das Beherrschbare und Machbare hinaus unverfügbare Wirklichkeiten bestehen und Kräfte am Werk sind, die uns weder gehören noch gehorchen. Schwer aushaltbar ist solche Erkenntnis, sie demütigt und verletzt unter Umständen – und sie holt auf den Boden zurück. Demut, *humilitas*, wurde das früher genannt.

Die Folgen der Dunklen Nacht sind oft im Nachhinein erstaunlich. Im direkten Durchleben solcher Phasen können Fortschritt oder Wachstum nur selten konstatiert werden, geschweige denn, dass deren Erleiden Freude macht. Erst im Rückblick zeigt sich Neues – gewachsene Freiheit, erwachseneres Stehen – zeigen sich Weitungen des Glaubens, der Liebe und der Hoffnung.[15]

Wie kann sich der Mensch nun zum Erleben der drei Nächte verhalten? Johannes vom Kreuz gibt dazu interessante Hinweise, die für die eigenen Glaubens- und Verkündigungspraxis inspirieren können. Er schreibt von der aktiven Annahme und dem passiven Geschehenlassen der Dunklen Nacht: »Aktive Nacht ist das, was der Mensch tun kann und von seiner Seite aus tut, um in sie einzutreten (...). Passiv ist sie darin, dass der Mensch nichts tut, sondern Gott sie in ihm bewirkt und er sich wie ein Erduldender verhält.«[16] Um diese Nachterfahrungen aktiv zu gestalten und passiv geschehen zu lassen, braucht es

möglichst eine tragende Gemeinschaft oder aber eine Einzel-
begleitung, z. B. die professionelle Hilfe der Geistlichen Begleitung.[17]

Dasein vor dem Tun: Stimmt meine Ausrichtung noch?

In der Nacht des Sinnenbereiches besteht die Ermunterung
darin, sie zuzulassen. Einen anfänglichen Beitrag kann der
Mensch leisten, indem er diese Erfahrung nicht verdrängt, sondern sich entschließt, sie aktiv zu durchleben. Das kann bedeuten, sich neu auf Gott und auf sein Wirken auszurichten, ihm
mehr Aufmerken zu schenken, die persönliche Werteordnung
bewusst neu oder wieder zu setzen. Der Primat des Daseins
vor dem Tun im geistlichen Leben kommt zum Vorschein. Wer
ihn bewusst setzt, kann die Befreiung von einem (semi-)pela-
gianischen Machbarkeitswahn und von Pastoral- bzw. Gebets-
und Verkündigungs-Aktionismus erleben. Um das zuzulassen,
braucht es initial ein hohes Maß an Autonomie und Aktivität,
nämlich ebendiese bewusste und entschiedene Annahme der
Dunklen Nacht und ihrer passiven Seite sowie das Aufsuchen
von guten Orten, das Einrichten von geeigneten Zeiten und die
Bitte um Begleitung für diesen Prozess. Letztere können sowohl alltäglich punktuell wie auch als kompaktere Zeiten geistlicher Übungen gestaltet werden.

Gott ist Gott: Gott um seiner selbst willen

In der Nacht des Geistes bzw. des Glaubens werden die ge-
wohnten Umgangsweisen mit Gott infrage gestellt. Alte, bisher

tragende Gottesbilder erweisen sich nun als zu eng, zu klein, zu kurzgegriffen.[18] Sie loszulassen, liebgewordene geistliche Übungen und Gebetsweisen kritisch zu beleuchten und sie ggf. abzulegen, schafft neuen Zugang für das, was darüber hinaus noch alles ist. Hier wird die Treue auf die Probe gestellt. Und die Frage, ob es mir wirklich um Gott geht, bedrängt. Dazu Reinhard Körner: »Die Nächte des Sinnenbereiches und des Geistes sind jene schmerzlichen Lebenserfahrungen, die dazu fähig machen, in der Nacht des Glaubensweges zu leben. Sie führen zu einer Haltung, die bereit ist, Gott Gott sein zu lassen; ein nach letzter Erkenntnis der göttlichen und der geschöpflichen Wirklichkeit Dürstender zu bleiben; auf die endgültige Begegnung mit ihm und mit den Menschen in ihm am Tag der Ewigkeit zu warten wie auf die aufgehende Sonne (...) in einer Gottesliebe, die sagt: Gott, du darfst der sein, der du bist – der nahe Gott, wenn du nahe sein willst, und der ferne Gott, wenn du fern sein willst, der immer ›ganz Andere‹, der es wert ist, um seiner selbst willen und als der, der er ist, gesucht und geliebt zu werden.«[19]

Krise des Gebetes: Wenn Gott schweigt, wie dann predigen?

Wer in einer Krise des Gebetslebens die Erfahrung des schweigenden, sich entziehenden Gottes in den Dunklen Nächten durchlebt und als mögliche Erfahrung auch mit auf seinen Weg nimmt, hat als Mensch im Dienst der Verkündigung nicht nur ein eigenes Problem. Er hat auch eines mit den und für die anderen, zu deren Seelsorge er bestellt ist. Wie kann er oder sie dann predigen? Was soll verkündigt werden? Johannes vom Kreuz gesteht dem Menschen nicht viel an eigenen Möglich-

keiten nach der Dunklen Nacht zu, aber immerhin dies: Er soll
»nur mit der passiv liebenden Aufmerksamkeit« da sein, »das
heißt ganz passiv und gelassen, ohne einen natürlichen Akt zu
vollbringen«, schließlich »sogar noch die Übung der liebenden
Achtsamkeit (…) vergessen, damit er frei bleibt für das, was
der Herr dann von ihm will«.[20] Kann nun der bisherige Predigtstil und -inhalt so weiter gehen? Auch hier besteht die Chance
der Wandlung und des Wachstums – vielleicht nicht direkt
jetzt, aber im Nachgang. Prediger und Katechetinnen sind auch
heranwachsende Kinder Gottes.

Dunkle Nacht und Verkündigung

Weh mir! (1 Kor 9,16–23)

»Weh mir, wenn ich das Evangelium nicht verkünde!«
(1 Kor 9,16) Paulus hat seine erschütternde Gotteserfahrung
gemacht. Auch er war von göttlichem Licht geblendet – nacht-
blind – und kann seitdem nicht anders, als das leibhaftig erfahrene Evangelium zu verkünden. Er muss diese Erfahrung
weitergeben. Weh demjenigen, der solches ähnlich erfahren
und es nicht tut. Die Verse aus dem neunten Kapitel im ersten
Brief an die Gemeinde in Korinth helfen uns, die Situation des
Verkündigers in bzw. nach der Dunklen Nacht nicht nur biblisch zu fundieren, sondern auch noch mehr zu verstehen, was
Stärke und Schwäche, Leiden und Freuden des Predigers darin
sind. Mit den »Schwachen« aus V. 20 sind wohl unter Bezug auf
1 Kor 8,9ff. diejenigen Gemeindemitglieder gemeint, die im
Glauben noch nicht erwachsen sind. Auf diese sollen die »Star-
ken« Rücksicht nehmen. Aber was, wenn der Gotterfahrene

plötzlich in die Nacht fällt, wenn er selber zum Schwachen wird – wenn er nicht mehr mit vollem Munde verkündigen, geschweige denn mit brennendem Herzen predigen kann? Das »Weh mir« besteht beim Durchleben der Dunklen Nacht weniger im Bedauern einer äußeren Verhinderung; es zeichnet sich dann nicht mehr im schmerzhaften »Zwang« zur Verkündigung aus, sondern in der eigenen Unmöglichkeit, der eigenen Leere, der geistlichen Erschöpfungen. Die Verkündenden sind in einen zerreißenden Gegensatz gestellt, in eine Spannung, die kaum auszuhalten ist, ja wirklich schmerzlich wehtun kann.

Es tut vor allem jenen weh, die qua Beauftragung, Sendung oder Weihe, also aufgrund einer inneren oder äußeren Berufung unter dem »Zwang« stehen, verkündigen zu müssen, und dies auch noch professionell kompetent und überzeugend tun sollten, nun aber eigentlich nicht mehr können. Wenn sie sich treu bleiben wollen, müssten sie hier schweigen. Wenn sie dienstlich nicht aus dem Schneider kommen, müssen sie es dennoch tun und leiden unter dem Dienst. Die passive Dunkle Nacht – wird sie aktiv angenommen? Das Eingeständnis der persönlich erlebten Gottferne ist in manch einseitig verstandenem Berufsethos schlicht nicht vorgesehen und wird eher als zu bemitleidendes Versagen bei anderen für möglich gehalten, nicht aber bei sich selber. Die in die Dunkle Nacht geratene Predigerin, der in die Nachterfahrung gefallene Verkündiger wird sich womöglich kaum trauen, seine Not anderen anzuvertrauen, geschweige denn vor einer Gemeinde auszusprechen – vor den anderen, die doch auf die Frohe Botschaft angewiesen sind. Was wäre gewonnen, wenn er oder sie sich so in dieser Situation selber annehmen könnte. Gerade jetzt wäre eine Pause vom Verkündigungsdienst dringend nötig. Und noch etwas: Wäre es womöglich sogar eine Entlastung für Prediger und Katechetinnen, die nahezu unaussprechliche Not der Dunkelheit anderen mitzuteilen? Wirklich zu teilen, was da gerade an Erfahrungen durchgemacht wird, hälfe nicht nur ihr oder ihm, sondern könnte sogar ein Signal an die anderen sein: Auch ich bin jetzt eine Schwache, ein Schwacher. Auch mir widerfährt eine Krise, auch ich bin nicht erschütterungsresistent oder immun gegen Anfechtungen und auch bei mir gibt es das Erleben von Gottesverfinsterung. Läge darin die Chance, nicht nur für sich anzunehmen, sondern auch in aller Ehrlichkeit zu verkündigen, dass das große Geheimnis Gottes eine echte Zumutung ist, dass ich mit diesem Gott nicht fertig werde, dass ich ihn nicht einfach irgendwann »habe«?

Allen alles werden (1 Kor 9,22)

Wenn sichtbarer wird, dass selbst dem »Profi« diese Erfahrungen nicht erspart bleiben, verringert sich der Abstand im Glaubenkönnen zu denen, die ohnehin so ihre Schwierigkeiten mit dem Glauben haben – Schwierigkeiten, die oft genug aus einer Verschüchterung ob der behaupteten Glaubenskraft derer rühren, die suggerieren, alles in Bezug auf Gott zu wissen, zu haben, zu können.

»Allen alles zu werden« bedeutet, aus der Erfahrung der Dunklen Nacht heraus für das Glaubensleben auch eine neue Erkenntnis zu gewinnen: für das eigene Glaubenkönnen und für das Glaubenkönnen der Menschen, denen ich verkündigend Bruder oder Schwester bin. Der Zusammenhang zwischen dem eigenen Leben und Erleben auf der einen und der Verkündigung des Predigers auf der anderen Seite wird wichtiger. Wer selber

Nachterfahrungen (durch-)gemacht hat, wird auch bei den Zuhörenden solche Erfahrungen potenziell vermuten können und – wenn es (wieder) gut geht – mit mehr Sensibilität für die Lage der Zuhörenden predigen. Das gilt übrigens auch für das seelsorgliche Gespräch im Allgemeinen und für die Geistliche Begleitung im Speziellen, wenn damit gerechnet wird, dass die geistliche Erfahrung der Dunklen Nacht kein Sonderphänomen, vielmehr ein nicht seltenes und insofern auch normales spirituelles Erleben darstellt.

Wenn ich schwach bin, dann bin ich stark (2 Kor 12,10)

Das paulinische Theorem von der Schwäche des Verkündigers, welches oft für eine unterwürfig daherkommende Behauptung des Vorrangs und als subtil moralistisch aufgeladene Strategie der Beanspruchung von vordersten oder obersten Plätzen missbraucht wurde und wird, bekommt in diesem Zusammenhang eine zusätzliche Bedeutung. »Allen alles werden« kann nicht programmiert und geplant werden. Um zu »retten«, wird es immer notwendiger, die eigene Situation und die eigene Glaubenserfahrung inklusive der Gottesfinsternis anzunehmen und sich somit auch den Schwachen als ein Schwacher zu zeigen, als Bruder oder Schwester in der Dunklen Nacht. Nicht immer und gerade dann wohl nicht mit vielen Worten, sondern durch bloßes Dasein. Solche Daseins-Verkündigung ist ekklesiogen, denn sie verwirklicht eine ehrliche geschwisterlich verkündigende Glaubensgemeinschaft. Die ehrliche Glaubenskommunikation erfordert von den eingesetzten Predigerinnen und Katecheten die Bereitschaft, sich auch auf Abgründe einzulassen – zumal die eigenen Glaubensabgründe.

Daher stellt sich die Frage an jede Predigerin, an jeden Verkündiger: Welches Evangelium verkündige ich? Wenn ich erfahre oder erfahren habe, dass mir auf manchen Streckenabschnitten meines Glaubensweges Gott fehlt, dass ich ihn vermisst habe, dass er sich aus meiner Sicht entzog, verbarg oder mir gänzlich abhandengekommen schien, dann wird meine Sensibilität im Umgang mit dem Wort in doppelter Hinsicht wahrhaftiger: im Umgang mit und im Mich-Bewegen in der Heiligen Schrift – wie auch in meinen selbst gewählten Formulierungen und in der Auswahl meiner Formen der Verkündigung. Welche Botschaft habe ich aus der Dunklen Nacht empfangen und welche kann ich weitergeben, anbieten und mit anderen teilen? Sicher wird der Zuwachs an eigener Erfahrung auch mit der Dunklen Nacht meiner Verkündigung mehr Tiefe und Weite geben. Der alte Väterspruch, mit dem ein anonymer Altvater aus der Wüstentradition davor warnt, ohne eigene Erfahrung verständnislos drauflos zu predigen, macht in dieser Hinsicht auf das Zulassen der eigenen geistlichen Erfahrung, auch der schwierigen und schmerzhaften, aufmerksam. Es ist eine Bedingung für die verständnisvolle, lebensechte Verkündigung: »Lehre nicht vor der Zeit, sonst wirst du dein ganzes Leben lang nicht verständig!«[21] Das bedeutet an dieser Stelle weniger ein bestimmtes lebenserfahrenes Alter des Predigers als vielmehr durchaus nötige Zeiten der Abstinenz von der Verkündigung. Die eigene Predigtfähigkeit nicht als einmal erreichten Stand zu betrachten, also als linearen Automatismus, sondern sensibel auf die eigene Verfassung hin zu bleiben, Grenzen zu erkennen und zu respektieren. Die Dunkle Nacht lehrt Abstand zu halten und zu schweigen: In Zeiten der eigenen Glaubensnot durch eine erlebte Gottferne kann es ratsam sein, nicht vor der Zeit wieder das Wort zu ergreifen – und sich dazu auch nicht drängen zu lassen, sei es institutionell, sei es aus auf fragwürdige Weise gehegtem Pflichtbewusstsein, etwa durch erlernte Theoreme wie: »Der Hirt verlässt seine Herde nicht.« – »Ich muss doch meiner Aufgabe gerecht werden.« – »Die anderen können es nicht so gut wie ich.« Nun gilt es, die finstere Wand zwischen mir und Gott zu tolerieren[22] und nicht zu schnell wieder auf die Kanzel zu steigen.

Ein auf diese Weise Erfahrener wird nicht leichtfertig über die bleibende Nacht des Glaubensweges hinweggehen und Menschen mit abgeschlossenen Gottesbildern unreif und klein halten. Die empfundene »Glaubensschwäche« der Predigerin wird zur Stärkung. Eine neue Bescheidenheit und das Zurücktreten des Predigers stellen eine Form der Verkündigung dar, die diesem Geheimnis des verborgenen Gottes, seines unverständlichen Wirkens und seiner Zumutungen gerechter werden kann als manch protziges und irritationsfreies Kraftmeiern mit den uns Menschen schön erscheinenden und angenehmen Seiten Gottes. Welch größeres Bild von Gott könnte so wachsen. Oder muss die Predigt am Ende immer schön sein, weil das Weh ausgeblendet wird, weil sie nicht wehtun darf?

Dunkle Nacht gehört in die Verkündigung

Die Erfahrung der Dunklen Nacht kann im aktiven Sinne, wie wir bei Johannes vom Kreuz gesehen haben, schon als Selbstverkündigung des nicht vereinnahmbaren Gottes an den Gott suchenden Menschen erfahren werden. Das Aussprechen und das Ansprechen der Erfahrung von darin empfundener Gottferne in der Verkündigung – sei es aus den biblischen Textzeugnissen, sei es aus den geistlichen Traditionen oder aus dem eigenen Erleben – kann ungeahnt befreiende Wirkung haben. Es bringt den Zuhörenden mit ähnlichem Erleben eine Entlastung, wenn sie hören, dass diese Erfahrung einen Namen hat, mit dem sie selber in die Lage gelangen, das Unfassbare, Belastende und Verstörende zu begreifen, oder zumindest ausdrücken, aussprechen zu können, was sie durchmach(t)en. Und sie hören, dass diese Erfahrung nicht eine persönlich singuläre, schambehaftete und verstörende Bankrotterklärung ihres (Nicht-)Glaubenkönnens ist bzw. war oder auf eigenem Unvermögen, Versagen oder gar eigener Schuld beruht, sondern ein normales Phänomen, ein notwendiger Durchgang, eine wichtige geistliche Erfahrung – freilich nicht ohne Irritation, Not und Schmerz. Für viele ist das erleichternd; sie hören, dass da jemand ist und predigt, der sie von innen her versteht. Ist das nicht auch ein Teil der Frohen Botschaft? Wohl kaum im Sinne des »Es ist schon nicht so schlimm (gewesen)«, aber im Sinne der Ganzheit des Evangeliums und der Ergänzung der eigenen Glaubenserfahrung durch die Einbeziehung der Unbegreiflichkeit des Kreuzes. Hoffnung auf einen wandelnden Durchgang und Verzicht auf betrügerische Gotteserleichterungsphrasen gehen hier Hand in Hand.

Und noch eines lehrt die Dunkle Nacht die Predigerinnen und Prediger der Frohen Botschaft: Gut formulierte Predigten, gestammelte Sprachversuche und wortloses Da-Bleiben sind ebenbürtige und berechtigte Verkündigungsweisen des durch die Nacht sich ringenden Trägers oder der im Gottvermissen erfahrenen, erwachsenwerdenden Trägerin Seines Wortes, das selbst durch die Nacht gegangen und in die Nacht gesprochen und oft schweigend-dunkel oder aber blendend-hell ist, sodass erkennbar wird, dass unser Erkennen allein – Gott sei Dank – nicht reichen muss. Selig, wer dies – und so mehr Gott und sich

– erkennen darf: »In der Nacktheit [vor Gott, d. Verf.] findet der spirituelle Mensch seine Ruhe und Erholung, denn weil er nach nichts mehr süchtig ist, erschöpft ihn nichts beim Hinauf und nichts bedrängt ihn beim Hinunter, da er in der Mitte seiner Demut ist. Denn solange er nach etwas süchtig ist, erschöpft er sich gerade dadurch.«[23]

Anmerkungen

[1] Im Fall einer Depression ist professionelle medizinische und psychologische Hilfe angeraten. Zu den Hilfen bei der hier angesprochenen Dunklen-Nacht-Erfahrung siehe weiter unten. Berührungspunkte wie Unterscheidung beider Phänomene können in diesem Beitrag nicht weiter erörtert werden. Vgl. Regina Bäumer – Michael Plattig (Hg.), »Dunkle Nacht« und Depression. Geistliche und psychologische Krisen verstehen und unterscheiden, Ostfildern 2008; Arndt Büssing – Thomas Dienberg (Hg.), Geistliche Trockenheit. Empirisch, theologisch, in der Begleitung, Münster 2019.

[2] Die etwas ältere Teresa von Avila, die mit Johannes vom Kreuz intensiv über die geistlichen Erfahrungen im Austausch war, spricht von dieser Wandlung auf dem Gebetsweg im Begriff der »Sequedad«. Am besten wird das Phänomen der erfahrenen Trockenheit bei der Mystikerin mit dem von ihr gewählten »Bewässerungsgleichnis« beschrieben. Vgl. Teresa von Ávila, Das Buch meines Lebens, hg. v. Ulrich Dobhan – Elisabeth Peeters, Freiburg i. Br. 2020, insbesondere Kapitel 11–16.

[3] Johannes vom Kreuz, Die Dunkle Nacht. Vollständige Neuübersetzung, hg. v. Ulrich Dobhan – Elisabeth Hense – Elisabeth Peeters, Freiburg i. Br. 1995. Im Folgenden »N«.

[4] Johannes vom Kreuz, Aufstieg auf den Berg Karmel. Vollständige Neuübersetzung, hg. v. Ulrich Dobhan – Elisabeth Hense – Elisabeth Peeters, Freiburg i. Br. ³1999. Im Folgenden »S«.

[5] Vgl. ausführlicher: Reinhard Körner, Dunkle Nacht. Mystische Glaubenserfahrung nach Johannes vom Kreuz, Münsterschwarzach ³2015.

[6] Johannes vom Kreuz, Die Dunkle Nacht (s. Anm. 3), 32f. (1 N 1,2).

[7] Ebd., 60 (1 N 8,3).

[8] Vgl. Johannes vom Kreuz, Aufstieg auf den Berg Karmel (s. Anm. 4),
     60 (1 S 2,5).

[9] Körner, Dunkle Nacht (s. Anm. 5), 55.

[10] Johannes vom Kreuz, Die Dunkle Nacht (s. Anm. 3), 162 (2 N 16,11).

[11] Körner, Dunkle Nacht (s. Anm. 5), 56f.

[12] Johannes vom Kreuz, Die Dunkle Nacht (s. Anm. 3), 102 (2 N 4,2).

[13] Johannes vom Kreuz, Aufstieg auf den Berg Karmel (s. Anm. 4), 125
     (2 S 2,1).

[14] Ebd., 130 (2 S 3,5).

[15] Sind Verstand, Wille und Gedächtnis »einmal entwöhnt, geläutert und
     zunichte gemacht«, werden die »Seelenvermögen und Strebekräfte
     des Menschen nach und nach darauf vorbereitet und eingestellt (...),
     das Göttliche und Übernatürliche (...) zu empfangen, (...) was aber
     nur geschehen kann, wenn der alte Mensch zuvor stirbt.« Zitiert nach:
     Johannes vom Kreuz, Die Dunkle Nacht (s. Anm. 3), 158 (2 N 16,4).
     »Ohne diesen Läuterungsprozess wird er [der Mensch, d. Verf.] jedoch
     die Befriedigung durch diese ganze Überfülle geistigen Verkostens in
     keinerlei Weise spüren oder schmecken können.« Zitiert nach: Ebd.,
     123 (2 N 9,1).

[16] Johannes vom Kreuz, Aufstieg auf den Berg Karmel (s. Anm. 4), 112
     (1 S 13,1).

[17] Hierzu ließe sich noch sehr viel mehr erörtern. Ich verweise auf die
     Literatur in Anm. 1 und 5.

[18] »(...) denn da es in Gott weder Gestalt noch Bild gibt, geht es [das
     Gedächtnis, d. Verf.] von Gestalt und Bild entleert sicher und kommt
     Gott allmählich näher. Denn je mehr man sich an der Vorstellungs-
     kraft festhält, um so weiter entfernt man sich von Gott und in um so
     größerer Gefahr schwebt man, denn da Gott undenkbar ist, paßt er
     nicht in unsere Vorstellung.« Zitiert nach: Johannes vom Kreuz, Die
     Lebendige Liebesflamme. Vollständige Neuübersetzung, hg. v. Ulrich
     Dobhan – Elisabeth Hense – Elisabeth Peeters, Freiburg i. Br. 2000,
     154 (L 3,52). Im Folgenden »L«.

[19] Körner, Dunkle Nacht (s. Anm. 5), 73.

[20] Johannes vom Kreuz, Die lebendige Liebesflamme (s. Anm. 18), 159f.
     (L 3,34f.).

21 Apo 1082. Zitiert nach: Weisung der Väter. Apophthegmata Patrum. Auch Gerontikon oder Alphabeticum genannt, übersetzt von Bonifaz Miller, Trier ³1986, 362.

22 Dazu mag ein weiterer Väterspruch paradigmatisch und tröstend zu Hilfe kommen: »Der Altvater Poimen erzählte: Ein Bruder kam zum Altvater Ammoes, um von ihm einen Spruch zu erbitten. Er blieb bei ihm sieben Tage, aber der Greis gab ihm keine Antwort. Als er ihn fortschickte, sagte er zu ihm: ›Geh und habe selber auf dich Acht! Denn zur Zeit sind meine Sünden eine finstere Wand zwischen mir und Gott‹.« (Apo 133) Zitiert nach: Ebd., 55.

23 Johannes vom Kreuz, Aufstieg auf den Berg Karmel (s. Anm. 4), 117 (1 S 13,13).

Jürgen Werbick

Wohin ist Gott?

Eine fundamentaltheologische Spurensuche

Was haben wir mit Gott gemacht?

Kein Philosophentext des 19. Jahrhunderts hat so viel Resonanz hervorgerufen wie der Aphorismus 125 vom tollen Menschen aus Nietzsches *Fröhlicher Wissenschaft*. Der tolle Mensch ist dem antiken Philosophen Diogenes von Sinope nachgebildet. Von ihm wird erzählt, er sei am helllichten Tag mit einer Lampe auf den Markt von Athen gegangen und habe ausgerufen: »Ich suche einen Menschen.« Er meinte einen wirklichen, menschlichen Menschen. Der tolle Mensch aber ruft den auf dem Marktplatz Herumstehenden zu »Ich suche Gott!« So erregt er nur ihren Sarkasmus: »Ist er denn verloren gegangen? (...) Hat er sich verlaufen wie ein Kind? (...) Oder hält er sich versteckt? (...) Ist er zu Schiff gegangen? ausgewandert?«[1]

Wer das als ein um seinen Gottes-Glauben ringender Mensch liest, mag erschrecken. Ist er uns verlorengegangen? Ist er ausgewandert aus unserer Lebenswelt? Hält er sich verborgen? Der tolle Mensch lässt sich von der ironischen Gleichgültigkeit der Herumstehenden nicht beirren. Das ist seine Frage, eine Frage auf Leben und Tod: Wohin ist Gott? – Gott, der es wirklich verdient, Gott zu heißen? Er kann sie sich nur so beantworten: Gott ist tot, wir Menschen haben ihn getötet. Wir haben ihn um seine Bedeutung gebracht, sein Vorkommen mitten unter uns, in unserer Lebenswelt, auf unseren Plätzen eliminiert. Da ist er nicht mehr zu finden. Jetzt ist er tatsächlich weg, tot. Kaum zu glauben, dass wir das konnten, Gott umbringen, will heißen: um seine Menschheits-Bedeutung bringen – und es tatsächlich getan haben. Den tollen Menschen schaudert vor dem unendlichen Abgrund und der Größe dieser Tat. Die Leute auf dem Markt lachen oder zucken mit den Achseln. Ja und?! Wo ist die Dramatik, die der tolle Mensch so pathetisch inszeniert? Wer kümmert sich denn überhaupt noch um Gott?

Er ist weg

Gott ist irgendwie ausgewandert aus unserer Lebenswelt. Man brauchte ihn nicht mehr; und so verlor er seine Bedeutung. Er ist ausgewandert, verdrängt aus den Kausalzusammenhängen, in denen wir unser Leben sichern und genießen. Da ist er kein Akteur mehr. Alles funktioniert nach unbestreitbaren Gesetzen und in prinzipiell durchschaubaren Zusammenhängen. Wunder waren vorgestern. Wir wissen, wie das uns Umgebende wirklich vor sich geht.

Auch aus unserem Seelenleben ist Gott entschwunden. Wir haben einen klareren Blick auf die Dynamik unserer Emotionen; darauf, was uns ergreift, Geborgenheit gibt, Vertrauen einflößt, hoffen lässt. Da sind bestimmte Hormone im Spiel, die bestimmte Bilder hervorrufen, Projektionen: Hoffnungs- und Sehnsuchtsbilder, mit denen wir unseren Seelenhaushalt in Unsicherheiten und Krisen stabilisieren. Im Nebel unserer Projektionen ist Gott unsichtbar geworden. Mit Feuerbach haben wir lernen müssen, lernen dürfen, dass wir erwachsen geworden sind und uns unsere Hoffnungen selber zu erfüllen haben.

Auch zur psychischen Stabilisierung braucht es Gott nicht mehr. Bietet das Leben in dieser Welt denn nicht so viel Freuden und Entwicklungsmöglichkeiten, dass wir darin unsere menschliche Erfüllung finden könnten? Menschen, die sich einsetzen für die Optimierung unseres Lebens in dieser Welt, Mitmenschen, die eine Ahnung davon bekommen haben, was da noch alles möglich wird – durch ärztliche Kunst, durch Verfeinerung der Lebenskunst, durch Verlebendigung des Liebeslebens. Wer von ihnen wird da einen Himmel erträumen, in dem man erst die Fülle des Lebens bei Gott genießen darf? So werden sich nur noch die selbst befriedigen, die nicht mit dem Leben zurechtkommen, die Lebens-Genuss-Krüppel. Für die Lebens-Könner und Lebens-Genießer ist Gott nichts.

Ja, so wird man einräumen: Es gibt Leid und Tod. Man wird dafür zu sorgen haben, dass es damit weniger wird, dass der Tod hinausgeschoben und dann so harmlos wird wie das Einschlafen nach einem lebensprallen Tag. Und überhaupt: Wenn es einen Gott gäbe, wieso ist dann überhaupt so viel Leid und Ungerechtigkeit in der Welt? Wie kann er das zulassen? Meint er es doch nicht gut mit uns? Helfen kann er offenbar nicht wirklich. So könnten die Leute, die da auf dem Markt herumstehen und das

Verschwinden Gottes längst wohlwollend zur Kenntnis genommen haben, ihre Gemütslage und ihre Überzeugungen erläutern. Und wie stehen wir da – wir, die wir Gott nicht vergessen haben, nicht von ihm lassen können? Wir, die wir ihn vermissen, uns von ihm allein gelassen fühlen, weil er so wenig hilft, zu »hintergründig« geworden ist? Stimmen wir leise resigniert Martin Walser zu, der immerhin einwendet: »Wenn ich von einem Atheisten, und sei es von einem ›bekennenden‹, höre, dass es Gott nicht gebe, fällt mir ein: Aber er fehlt. Mir«[2]?

Gott, so quälend unsichtbar

Es kann sein, dass solche Fragen heute noch mehr in der Seele brennen, weil das Leben mit der Kirche als Erfahrung des Vorkommens Gottes in unserer Alltagswelt wegbricht. Kirche: An ihrer sakralen Aura, an den heiligen Vollzügen und irgendwie geheiligten Personen, in der eindrucksvollen Atmosphäre der Kirchenbauten und der darin gefeierten Gottesdienste bekam man etwas mit von Gott, wurde er selbst irgendwie sichtbar, jedenfalls fühlbar. Hier war der Raum, in dem Gott vorkam und Lebens-bedeutungsvoll wurde. Hier war die Gottesaura zu spüren, zu riechen, zu hören. Und nun das: Kirche wird nicht nur in der billigen Häme angesagter Comedians als kriminelle Vereinigung der Verachtung preisgegeben. Sie hat ihre Glaubwürdigkeit ruiniert. Und man kann nur hoffen, dass sie Gottes Glaubbarkeit nicht zu sehr mit ihrer Unglaubwürdigkeit kontaminiert hat. Für viele »Kirchen-Menschen« sind die Zeiten vorüber, in denen die Kirche ihnen eine Hilfe für ihren Gottesglauben war. Jetzt ist sie ihnen ein schwer erträgliches Hindernis. Ihre früher so eindrucksvolle Sichtbarkeit kann Gottes

Unsichtbarkeit nicht mehr kompensieren. Jetzt sind die Gläubigen und um ihren Glauben Ringenden Gottes Verborgenheit schutzlos ausgeliefert.

Gottverlassene Kirche? Nietzsche fand dieses andere Bild: Der tolle Mensch wird dabei beobachtet und gehört, wie er in Kirchen das *Requiem aeternam deo* anstimmte. Zur Rede gestellt »habe er immer nur diess entgegnet: ›Was sind denn diese Kirchen noch, wenn sie nicht die Grüfte und Grabmäler Gottes sind?‹«[3] Der tolle Mensch ist der Letzte, der sich dahin verirrt, und macht das Licht aus. Dass ein Gott, der wirklich Gott ist, nicht sterben kann, wird man Nietzsche nicht entgegenhalten können. Es ist ja klar, was der tolle Mensch mit seiner Rede zu Bewusstsein bringen will: Die Menschen haben Gott um seine Lebens-Bedeutung gebracht, in diesem Sinn umgebracht. Jetzt sind sie damit beschäftigt, vielleicht überfordert, die Überreste des Gottesglaubens und der Gottesverehrung kritisch zu zersetzen und sie so möglichst unschädlich zu machen.

Die Kirchen: Ruinen eines erstorbenen Gottesglaubens? Oder ist da noch Leben drin, Auferstehungsleben? Einstweilen sieht vieles nach Abwicklung aus, nach Rückbau. Kirchen werden zur Party-Location, zu Wohngebäuden, zu Kolumbarien, gar zu Turnhallen umgewidmet. Noch wehrt man sich vor der Abriss-Perspektive. Zu irgendetwas müssten die Kirchen doch noch nütze sein. Sollten sie nicht wenigstens dafür da sein, dass man sich immer wieder einmal auf seine »Werte« besinnt, sich nicht allzu bedenkenlos aus den sozialen und natürlichen Ressourcen bedient?

Abriss-Perspektive oder Exodus-Perspektive?

Die biblische Prophetie entwirft eine andere Perspektive, kaum weniger verstörend: Gott ist ausgezogen aus seinem Tempel. Da wollte er nicht mehr wohnen; das wollte er nicht länger mit sich machen lassen, dass man sich seines Schutzes und der Geborgenheit bei ihm sicher war – und tat, was man wollte. Er zieht aus und lässt ein gottverlassenes Volk zurück. Er entzieht sich dem König und den Priestern, die sich als seine Stellvertreter aufspielen und ihn vor den Völkern blamieren (vgl. Jer 7,1–15).[4]

Das kann der Kirche Jesu Christi nicht passieren, der unfehlbaren, in Christus gegründeten! Dessen waren die Christen sich triumphalistisch gewiss. Diese Gewissheit zerfällt. So wird sich auch die Kirche der Scheiterns-Perspektive auszusetzen haben, die Jeremia in seiner Tempelrede aufmacht. Und einer Exodus-Perspektive, die das gewohnte biblische Exodus-Bild geradezu auf den Kopf stellt. Gott selbst zieht aus. Er entzieht sich dem Macht-Gehabe, der pompösen Inszenierung, dem Herunterdonnern der Moralapostel auf die, die man wegen ihrer Verworfenheit nicht einmal mehr als von Gott gesegnet ansehen will. Aber im Sturm und im Donner ist er nicht, auch nicht im zerstörenden Glanz des Feuers; die Macht, die die Erde beben lässt, auch da sucht man ihn vergeblich. Er ist nicht da, wo man seine Macht zu menschlich-allzumenschlicher Selbstbehauptung nutzen will. Das ist die Lektion, die auch Elija lernen muss: Gott ist im leisen Wehen, in dem Wink, der ihn dahin weist, wo er jetzt gebraucht wird (vgl. 1 Kön 19,1–18).

Erstaunlich vielleicht, wie wenig die Kirche dieses Gottes-Lernen auf sich beziehen wollte. Das hatte man doch nicht zu lernen, da man des Beistands Gottes für die höchsten und höchst machtvollen, Wahrheits-sicheren Repräsentanten der Kirche sicher sein durfte! Aber nun ist auch für die römisch-katholische Kirche das 19. Jahrhundert definitiv zu Ende. Nun muss sie damit rechnen, dass Gott ausgezogen ist, dass er sich entzogen hat und nicht mehr da ist, wo man sich seiner sicher wähnte. Nun muss sie auf den leisen Hauch achten, nach der Spur suchen, in der sie ihm *jetzt* nachzufolgen hätte. Die Mesalliance zwischen der Kirche Jesu Christi und einer feudalen kirchlichen Selbst-Inszenierung ist so sehr aus der Zeit gefallen, dass sich auch viele Menschen in der Kirche abwenden. Das hat in manchen seiner Texte – etwa in *Evangelii gaudium* – keiner so deutlich angesprochen wie Papst Franziskus.

Aber damit beginnt das Suchen nach der Spur, in der wir uns einzufinden hätten, wenn wir in der Lerngemeinschaft mit Israel lernen wollten, Kirche zu sein und den Gott zu bezeugen, der da ist, wo man ihn nicht erwartet hätte, für Christinnen und Christen in Jesus von Nazaret, dem Gekreuzigten und Auferweckten, bei denen, die sich in seine Nachfolge hineinwagen und wenig mehr in der Hand haben als die Hoffnung auf den Auferstandenen.

Kirchenglaube oder Gottesglaube?

Wenn Gott ausgezogen wäre aus »seiner« Kirche – und wir nicht mehr ausschließen könnten, dass wir ihn »woanders« finden müssten? Das ist zunächst ein theologisches Narrativ, aus dem reichen Bilderschatz der Bibel genommen und in unserer Glaubenssituation weitergebildet: die Gott-verlassene Kirche. Gott-verlassen kommt sie einem schon vor, mit ihrem Gottes-Anspruch gescheitert. Da drängt sich die Frage auf, ob wir tatsächlich ihm glauben oder doch lieber mit unserem Glauben in der Kirche zuhause sein wollen. Glauben wir ihn oder die Kirche? Wir können nur hoffen, dass das eine falsche Alternative ist; dass die Kirche Dienerin für unseren Gottesglauben geblieben ist. Dass sie ihm vielfach Schaden zugefügt hat, wird leider auch wahr sein; dass man Gott in ihr missbraucht hat: durch Moralisierung, Sakralisierung, Vereinnahmung. Aber unser Gottesglaube sollte doch nicht zersetzt werden können vom allgegenwärtigen Kirchen-Misstrauen und kirchlichen Scheitern! Er sollte uns doch als er selbst glaubwürdig sein, nicht etwa deshalb, weil uns die Kirche in ihrem Kirche-Sein so sehr überzeugt.

Ja, so wird es wohl sein: In unserer Alltagswelt hat sich die Kirche mächtiger Gottes-Stellvertreter vor Gott geschoben; sie hat ihn verborgen, hat selber das fromme Entsetzen aufkommen lassen: Wohin ist denn nun Gott? Hier kann er nicht sein: an der Seite der Macht-Geilen und ewigen Besserwisser, an der Seite derer, die die Hoffnung der Menschen nicht hegen und wachhalten, sondern eher missbrauchen! Wohin also hätten wir uns in unserer Gott-Suche zu wenden?

Gottes Verborgenheit

Er ist offenkundig nicht da, wo man ihn machtvoll repräsentiert und sich in seinem Glanz sonnen will, sondern da, wo es nicht nach Gott aussieht. Das ist schon für die ersten Christinnen und Christen die ebenso furchtbare wie beglückende Erfahrung gewesen, die ihnen das Kreuz Christi zumutete. Gott war in Jesus Christus da, der ihn abseits der religiösen Zentren lebte und dahin mitbrachte, wo man ihn vermisste. Noch an seinem Kreuz war dieser Gott da; in den Augen der Tradition sollte es Zeichen einer definitiven Gottferne sein (vgl. Dtn 21,23). Für Paulus ist es die neue Bundeslade, Gottesthron für ein Gottesvolk des Exodus (vgl. Röm 3,21–25).[5] Der Johannesprolog spricht von Jesus Christus als dem Gotteszelt, in dem Gottes Herrlichkeit und Wort »voll Gnade und Wahrheit« mit den Menschen wandert (vgl. Joh 1,14).[6] So ist es nach dem Glaubenszeugnis Israels immer mit dem *Dasein Gottes*: Es ist ein Dasein für uns, aber so, wie *Er* für uns da sein will: Ich werde (für euch) da sein, wie ich für euch da sein will, legt Martin Buber Exodus 3,14 aus.

Gott bleibt der Souverän seines Daseins. Er lässt nicht über sich verfügen, auch von denen nicht, die meinen, ihm nah zu sein und ihn zu »kennen«. Gottesweisheit kann da nur bedeuten, klug danach zu fragen, wie man ihm auf die Spur kommt, nicht jedoch alle möglichen Antworten zu allen möglichen neugierigen Fragen Gott betreffend parat zu haben. In allen Antworten wartet ja die Frage: Was bedeutet das für mich, für uns? Was bedeuten die Sätze des Glaubensbekenntnisses, des Vaterunsers? Was bedeuten sie mir, dir? Und vermutlich geht es erst mit dieser Frage um den Sinn unseres Gottesglaubens. Womöglich ist es Gottes Frage an jede und jeden von uns. Jürgen Ebach hat einmal gesagt, predigen heiße nicht nur, Fragen zu beantworten, »sondern auch Antworten zu befragen«.[7] Ist es überhaupt so, dass Gott aus dem Tempel unserer prachtvollen Antworten ausgezogen ist und uns – weithin unerkannt und unerhört – mit der Frage belästigt: Was bedeuten dir die Antworten? Diese Frage entwaffnet die Antwort-Besitzer in den Kirchen. Gott ist ausgezogen aus dem, was wir von ihm wissen. Er klopft von draußen an, damit wir herauskommen, uns seinen Fragen, den Fragen *draußen* stellen, uns denen aussetzen, die zu viel haben von den wohlfeilen Antworten. Oder klopft der Auferstandene von innen, damit wir ihn hinauslassen?

Kardinal Bergoglio hat vor seiner Wahl zum Papst das Wort des Auferstandenen »Siehe, ich stehe vor der Tür und klopfe an. Wenn einer meine Stimme hört und die Tür öffnet, bei dem werde ich eintreten und Mahl mit ihm halten und er mit mir« (Offb 3,20) so zugespitzt und aktualisiert: »In der Apokalypse sagt Jesus, er stehe vor der Tür und klopfe an. Offensichtlich bezieht sich der Text darauf, dass er von außen an die Tür klopft, damit er hereinkommen kann (…) Aber ich denke an jene Momente, in denen Jesus von innen klopft, damit wir ihn hinausgehen lassen. Die selbstreferentielle Kirche will Jesus in ihren eigenen Reihen festhalten und nicht hinausgehen lassen.«[8] Sie will ihm offenkundig nicht nach draußen folgen.

Gott draußen

Gott und sein Christus hält es nicht in unserer Enge. Sie klopfen an, damit auch wir die Enge verlassen. Dann wäre es so: Gott verbirgt sich in sein Anklopfen und Fragen, vielleicht auch in unsere Ahnung, wir hätten viel zu klein von ihm gedacht und zu zaghaft an ihn geglaubt, eher an die Kirche geglaubt als an ihn. Sie rufen uns hinaus, dahin, wo Gott und sein Christus und ihre Bedeutung für die Menschen auf dem Spiel stehen. Draußen ist Gott nicht als Patentlösung für offen gebliebene Fragen und die sich auftürmenden Probleme in unserer Lebenswelt gefragt. Für die sind wir selbst zuständig. Dietrich Bonhoeffer hat das in einer weiß Gott ausweglosen Situation genau so ausgesprochen: »Wir können nicht redlich sein, ohne zu erkennen, dass wir in der Welt leben müssen – ›etsi deus non daretur«. Und eben dies erkennen wir – vor Gott! Gott selbst zwingt uns zu dieser Erkenntnis. So führt uns unser Mündigwerden zu einer wahrhaftigen Erkenntnis unserer Lage vor Gott. Gott gibt uns zu wissen, dass wir leben müssen, als solche, die mit dem Leben ohne Gott fertig werden (...) ohne die Arbeitshypothese Gott (...). Vor und mit Gott leben wir ohne Gott.«[9]

Es kann nicht darum gehen, einer Gott-Verdrängung zu wehren, die Gott »gegenstandslos« machen will, weil man ihn nicht brauche. – Gott? Ich komm gut ohne ihn zurecht! – Es ist unfruchtbar, sich darüber zu streiten, ob »man« Gott braucht oder brauchen müsste. Der Gott Jesu Christi ist nicht der, den man unabweisbar braucht. Am Kreuz hätte Jesus ihn »gebraucht«. Gott selbst ließ »sich aus der Welt herausdrängen ans Kreuz«[10]. Wo man ihn brauchen könnte, um zu überleben, hilft er nicht heraus. *Brauchen* lässt er sich nicht. Man muss ihn *wagen*. Ich müsste es wagen, mit ihm anders zu leben. Die Verkündigung Jesu von Nazaret sagt: Wir müssten es mit ihm wagen, Gottesherrschaft zu leben; draußen, da, wo das gute Leben auf dem Spiel steht.

Gott wagen

Mehr Gottesherrschaft leben, sich in sie einleben, das Teilnehmen an seinem alternativen Leben, seinen anderen Blick auf die Wirklichkeit wagen: *glauben*. Nichts daran ist selbstverständlich. Es ist nicht selbstverständlich, mehr Leben zu wagen als das alltäglich Überschaubare, einigermaßen Gesicherte. Es ist nicht selbstverständlich, mehr Solidarität zu wagen als die von unseren Sozialsystemen und institutionellen Hilfsangeboten getragene. Es ist nicht selbstverständlich, mehr Liebe zu wagen, mehr nebenabsichtsloses Wohlwollen und Interesse, mehr Treue, mehr Versöhnung, mehr Stärkung, mehr Selbstvergessenheit und Hingabe. Es ist nicht selbstverständlich, Gottes Blick auf die Mitmenschen zu wagen: dass keine und keiner verlorengehen sollen, dass sie – und wir mit ihnen – Zukunft haben werden, eine Zukunft, die jetzt anfängt und nicht aufhört anzufangen. Es ist nicht selbstverständlich, dem Menschen zuzutrauen, dass er gut sein kann – dass er sein Gutsein immer wieder neu aus Gottes Güte empfängt, um es mit seinen Nächsten zu teilen. Es ist jenseits allen vernünftigen Kalküls, auf Rettung zu hoffen, wo das Unheil uns erfasst, und es zu wagen, in dieser Hoffnung kein Unheil als endgültig hinzunehmen. Es ist alles andere als selbstverständlich, das Leben und das Sterben zu wagen im Vertrauen auf diese Gottes-Zukunft; im Vertrauen darauf, dass ich mich und die Meinen und alle in Gottes Hand hinein lassen kann, weil er es mit uns so gut machen wird, wie es überhaupt nur gut mit uns werden kann.

Dass das Überhaupt-nicht-Selbstverständliche möglich ist, weil Gott wirklich da ist, das hat Sören Kierkegaard den Menschen seiner Zeit leidenschaftlich nahezubringen versucht. Er hat vom »Kampf des Glaubens« gesprochen, »welcher, wenn man so will, verrückt für Möglichkeit kämpft. Denn diese Möglichkeit ist das Eine, was rettet.«[11] Sie ist »das ewig sichere Gegengift gegen Verzweiflung«. Wenn man vom Kämpfen-Müssen des Glaubens zu sprechen hat, so meint das gewiss den mit der Resignation ringenden Wagemut, sich an Gott zu halten: »Gott ist dies daß alles möglich ist oder daß alles möglich ist, ist Gott.« Im Beten ringen Menschen um das Sich-halten-Können an Gott – dass durch ihn das menschlich Unmögliche möglich wird:

»Beten ist auch ein Atmen und die Möglichkeit ist für das Selbst, was der Sauerstoff für die Atmung ist.«[12]

Auf Gottes Möglichkeiten setzen

Kierkegaards dramatisch-pathetische Sprache wird uns Heutigen fremd sein. Aber sie hat uns in der Dramatik unserer Glaubens-Situation etwas zu sagen. Wir kennen das Ringen mit Mutlosigkeit und Resignation nur zu gut: Nicht zu viel und zu groß hoffen, damit wir »hinterher« nicht zu sehr enttäuscht werden! Das Unausweichliche akzeptieren, damit wir im Leben nicht auf Möglichkeiten setzen, die uns doch verschlossen bleiben werden! Nicht zu viel wagen. Was man dabei alles aufs Spiel setzen und verlieren könnte! Das sind die inneren und äußeren Stimmen, derer wir uns im Glauben und Beten zu erwehren haben. Der nüchterne Realismus will uns einnehmen, als weltanschaulicher Naturalismus etwa: Der Mensch ist nichts anderes als ein bio-elektrisch funktionierendes, höchst differenziertes Lebewesen, das auf sozial-kooperatives Überleben und Fortpflanzung programmiert ist, solange es dazu die natürlichen Ressourcen hat. Wenn es seine Fortpflanzungs- und Überlebensmöglichkeiten ausgeschöpft hat und als Lebewesen erschöpft ist, stirbt es; ist es hinfort so wenig da, wie es vor seiner Geburt dagewesen ist. Aufs Ganze gesehen wären wir alle ein Fast-Nichts, weniger als ein Wimpernschlag. Und darauf sollten wir uns einstellen, um uns und anderen keine falschen Hoffnungen machen und das Leben genießen, solange wir das können!

Einspruch: Was nicht Menschen-möglich, nicht Lebewesen-möglich ist, weil gegen das Bedeutungslos-Werden des Menschen im Tod biologisch kein Kraut gewachsen ist, das ist Gott möglich: eine Zukunft, für die unsere Hoffnung und unsere Sehnsucht nicht groß genug sein können; eine Zukunft, von der die Liebe einen Vorgeschmack gibt und in die sie hineinführt.

Es braucht Mut, auf diese Gottes-Möglichkeit zu setzen. Und den Ermutiger, den Gottes-Hauch, der schon Elija den weiten Atem für seinen Auftrag gab. Es braucht das Hineinspüren in diesen Gottesgeist, damit uns vorstellbar wird, wohin er uns senden und mitnehmen will. Nicht jedes Wagnis führt auf dem Weg in die Gottesherrschaft weiter. Die Unterscheidung der Geister, der »Motivationen«, ist unerlässlich. Aber wir können uns an unseren Bruder Jesus von Nazaret halten, hie und da die Frage wagen: Wie hätte er jetzt wohl geredet, gehandelt, sich entschieden? Was hätte er gewagt und wovor hätte er uns gewarnt? Wie er mit seinen Jüngerinnen und Jüngern lebte, kann sich uns als E-Laboratorium der Gottesherrschaft erschließen. Sie elaborieren, erproben miteinander, wie Gottesherrschaft geht, wie das Leben anders wird, wenn es auf Gott hin und aus seinem weiten Atem gelebt wird: was das an Freiheit gegenüber dem ängstlichen Festhalten am vermeintlich Erreichten einbringt, an Phantasie für mehr Liebe, an Einfühlsamkeit für den Nächsten, an Entschiedenheit im Blick auf das jetzt Notwendige, an Bereitschaft zum selbstvergessenen Dienst, an Mut, aus den bodenlosen Selbstverständlichkeiten auszuscheren, auf die wir unser alltägliches Miteinander in Gesellschaft und Kirche zu gründen versuchen – aber auch an Vertrauen darauf, dass Gott uns nicht hängen lässt, wenn wir wagen, wozu er uns durch seinen Sohn, sein Wesens-Wort, herausfordert.

Sich an den unsichtbaren Gott halten

Gott bleibt unsichtbar, unerfahrbar in den Praktiken und Selbstverständlichkeiten, mit denen wir unser Alltagsleben einrichten und in ihm zurechtkommen wollen. Er »klopft an«, wenn wir uns gegen die Resignation wehren, gegen das Eingezwängt-Werden in die Unmöglichkeiten eines Lebens, in dem man bloß noch behalten will, was schließlich doch verlorengeht. Er klopft an und fordert heraus, mehr Leben und mehr Liebe zu wagen und darauf zu vertrauen, dass das erst der Anfang von dem ist, was er vollenden wird. Er klopft an, wenn wir das Gottes-Zeugnis seines Christus an uns heranlassen, vielleicht zu ahnen und zu hoffen beginnen, dass er uns so wenig verlorengibt wie seinen »treuen Zeugen« (Offb 1,5).

So kann es wohl sein: In diesem Anklopfen kommt er uns nahe, zeigt er sich, »lehrt« er uns, was Gottes-Glaube im Unterschied zu bloßem Kirchen-Glauben heißen könnte: Sich herausfordern lassen von seiner Zukunft – und in sie eintreten. Wer an ihn glaubt, der glaubt für sich und die anderen nicht mehr daran, dass all das, was das Leben ihm gebracht hat und was in ihm misslungen ist, das Letzte sein muss. Er glaubt an die Auferstehung, an Gottes »Aufstand« gegen Tod, Zynismus und Vergeblichkeit.[13] Er glaubt daran, dass Gott des Zynismus und der Rücksichtslosigkeit der Mächtigen Herr wird und für den guten Ausgang bürgt. Und der lebt so – anders als Menschen, die sich mit dem Nicht-Hinnehmbaren abgefunden haben.

So könnte es sein: Gott will *geglaubt* und nicht als einigermaßen selbstverständlich hingenommen werden. So verbirgt er sich in diesem Anklopfen, in seinem Anruf, auf seine Möglichkeiten zu setzen und von ihnen jetzt schon Gebrauch zu machen, um dem zerstörerisch Unmöglichen zu widerstehen, mit dem die Menschen seine Schöpfung überziehen. Gott kann nicht sichtbar sein in dem, was sowieso passiert und was die Menschen daraus machen, daran verderben. Er wird erfahrbar – er kann erfahrbar werden – in dem, was daraus werden soll, weil es seine Schöpfung ist und weil er entschlossen ist, sie nicht verlorenzugeben; weil er die Menschen ruft, sich dafür herzugeben, dass sein guter Wille in ihr geschieht und sie so selbst gerettet werden. Gott wird erfahrbar, wenn Menschen erfahren, was er mit ihnen anfangen will und nicht aufhören wird, mit ihnen anzufangen. Greifbar ist er nur in seiner *Heraus-Forderung*, in dem herausfordernden Wort, das sein Sohn mitmenschlich gelebt hat und das in seinen Zeuginnen und Zeugen vielfältig Resonanz findet; in seinem tragend-ermutigend-antreibenden Geist, der uns auf die Spur der Nachfolge in die Gottesherrschaft hinein setzt. In seinen Zeuginnen und Zeugen will Gott sichtbar werden; in denen, die von seinen Möglichkeiten Gebrauch machen, sich ihnen aussetzen – sich Gott aussetzen.

Gottes-Aussetzung

Gott glauben heißt, Gott hineinlassen in mein Leben, in unser Miteinander. Wenn ich ihn hineinlasse, ist er da.[14] Er ist nicht da, wenn wir uns ihm und seinem guten Willen nicht aussetzen wollen, der endlich geschehen soll; der Herausforderung, an seinen guten Willen zu glauben und ihm ernsthaft zu dienen; seinem liebenden Blick auf die Wahrheit meines Lebens.

Wer sich selbst aus dem Weg geht, geht Gott aus dem Weg. Wer sich verbirgt, hat es – wenn überhaupt – mit einem verborgenen Gott zu tun. Wo Gott ist, geschieht Wahrheit, eben auch die Wahrheit meines Lebens. Sie geschieht, so der Glaube der

Christinnen und Christen, in Liebe. Aber es ist die Wahrheit, die da geschieht.

Das hat nichts mit Gottes-Moralisierung zu tun. Es ist vielmehr so, dass die Gottes-Moralisierung diese Gottes-Erfahrung verdorben hat: Es gilt im Glauben zusammenzuhalten, dass Gott die Wahrheit und die Liebe ist, die Wahrheit in der Liebe; und dass er deshalb seinen Geist mächtig werden lässt, den Geist der heilenden Veränderung, der mich hineinzieht in Gottes Gegenwart, damit es gut mit mir wird. Immer wieder neu klopft er an, dass wir ihn suchen; dass wir nach der Wahrheit unseres Lebens suchen, uns nicht zufriedengeben mit den Wahrheiten in Kirche und Welt, die man – selbst unverändert – zur Kenntnis nimmt.

Wenn ihr mich mit ganzem Herzen sucht ...

Gott nimmt man nicht in der Beobachter-Perspektive zur Kenntnis. Er ruft in die Teilnehmer-Perspektive. Nur in ihr kann sich erschließen, was es bedeutet, einen Gott zu »haben«, *diesen* Gott zu haben, und ihm das eigene Leben anzuvertrauen.[15] Der Prophet Jeremia hat dem im Exil zerstreuten, aller Gottes-Sicherheit beraubten Volk das Gotteswort ausgerichtet: »Ihr werdet mich suchen und ihr werdet mich finden, wenn ihr nach mir fragt von ganzem Herzen. Und ich lasse mich von euch finden – Spruch des Herrn« (Jer 29,13–14a). Es wird so sein, dass schon das »mit ganzem Herzen fragen« Gottes Gnadengeschenk ist. Wenn es uns erreicht, bewegt es uns, danach zu fragen, woran unser Herz hängt – und wer der oder die sein darf, dem oder der es gehören soll. Wer sich dieser Bewegung, diesem Bewegt-Sein, überlässt und seine Sehnsucht entdeckt, fragt, sucht, dem gilt die dem Jeremia übergebene Verheißung: »Ihr werdet mich finden.«[16] Sie ist gewissermaßen das »Gegenstück« zur Tempelrede in Jeremia 7, in der JHWH seinen Exodus aus dem Jerusalemer Heiligtum ankündigt.

Und wenn man das Suchen aufgegeben hat, sei es, weil man längst gefunden haben will, sei es, weil man »Besseres« zu tun hat, sei es, weil man – wie die den tollen Menschen Verlachenden – die Gott-Suche für eine kuriose Angelegenheit hält? Wenn man die »Geduld mit Gott« verloren hat?[17] In den von Martin Buber gesammelten *Erzählungen der Chassidim* wird eine Geschichte überliefert, die unsere Situation vorwegzunehmen scheint: »Rabbi Baruchs Enkel, der Knabe Jechiel, spielte einst mit einem anderen Knaben Verstecken. Er verbarg sich gut und wartete, dass ihn sein Gefährte suche. Als er lange gewartet hatte, kam er aus dem Versteck; aber der andere war nirgends zu sehen. Nun merkte Jechiel, dass jener ihn von Anfang an nicht gesucht hatte. Darüber musste er weinen, kam weinend in die Stube seines Großvaters gelaufen und beklagte sich über den bösen Spielgenossen. Da flossen Rabbi Baruch die Augen über, und er sagte: So spricht Gott auch: ›Ich verberge mich, aber keiner will mich suchen.‹«[18]

Gott treibt kein Versteck-Spiel. Er ist so für uns da, dass sein Dasein uns auf Tod und Leben herausfordert – zum Leben, zur Wahrheit unseres Lebens. Und das kann nur so geschehen, dass er uns »nicht in Ruhe lässt«, nicht unbeteiligt nach Hause gehen lässt, sondern zum Suchen anstachelt: zum Suchen danach, wie wir ihn und sein Reich finden und leben können; zum Suchen danach, was es bedeutet, die so zwiespältigen Selbstverständlichkeiten dieser Welt im Licht seines guten, herausfordernden Willens zu sehen. Glaubende interpretieren die Weltgegebenheiten so, dass sie ihnen zur Gottes-Herausforderung werden.

Glauben heißt in diesem Sinne interpretieren und Gott wagen, indem man anfängt, es so mit dem Geschehen der Welt aufzunehmen.

In der Emmaus-Geschichte geht einer unerkannt mit, der den Jüngern hilft, das ihnen Geschehene neu, zukunftsfähig, zu sehen und mit ihnen dann Auferstehung – den Aufbruch – feiert. Sie ist das Paradigma für das Offenbarwerden des verborgenen Christus mitten unter uns, für das Aufgebrochenwerden unserer von so vielem rastlos in Unruhe gehaltenen Herzen. Es scheint so viel Wichtigeres zu geben als ihn mitgehen zu lassen, damit er uns jetzt aufschließt und zu Bewusstsein bringt, was uns ziellos und heillos unterwegs sein lässt. Wir müssten es wagen, ihn hineinzulassen in unser Jetzt und bei dem verweilen, was jetzt mit uns geschieht. Nicht schon im Nachher sein, im »Man sollte« und im »Was ist als Nächstes dran?«. Gott und sein Christus verbergen sich, sie bergen sich ein in das uns selbst oft so verborgene Jetzt: in unsere ausgehaltene, durchlebte und erlittene Ratlosigkeit. Hier kommt es zu unserer Berufung. Und in ihr geschieht das Anklopfen, berührt uns der Hauch, der uns das uns zugedachte Elija-Wagnis zu Bewusstsein bringt.

Gott wagen – Kirche wagen

Dass Gott uns das ratlose Jetzt und das Suchen zumutet, das Hineingehen ins Unbekannte, in seine Zukunft, in sein Dasein: Das ist eigentlich Glaubens-selbstverständlich. Aber in einer Kirche, die im Entscheidenden immer schon alles Glaubens-Wichtige gewusst haben will und peinlich darauf achtet, dass aus dem »Reichtum« ihrer Tradition nur nichts wegkommt, hört sich das befremdlich an. Sie scheut jedes Wagnis, möchte lieber im Vorgestern als im Jetzt leben: Bleiben wir unbeirrt bei dem, was Gott durch Christus für unsere Kirche für ewige Zeiten angeordnet hat! Es ist verblüffend, mit welcher Sicherheit man da weiß, was diese Anordnung alles umfasst. Aus der aufmerksamen Lektüre der Bibel kann sich diese Sicherheit kaum speisen. Da findet man etwa nur Spurenelemente einer Amtstheologie, die man heute für unabänderlich festgeschrieben hält. Und ganz viel anderes, was einem dabei in die Quere kommen könnte; so etwa die Apostelin Junia, die man im Mittelalter zum Mann Junias umfälschte, weil ja nicht gewesen sein konnte, was kirchlich nicht sein durfte. Wie kleinkariert denkt man eigentlich den Gott und Vater Jesu Christi, wenn man ihm das Verbot unterschiebt, eine Kirche zu wagen, in der nicht nur Männer amtliche Verantwortung tragen!

Aber die Kirchenkrise geht ja viel tiefer: Wie soll eine Kirche den Menschen das *Wagnis Gott* bezeugen, wenn sie nichts wagt? Wenn sie Gottes Verborgenheit nicht annimmt und die Gott-Suche versäumt, weil sie längst zu wissen meint, wie man mit Gott dran ist, und es in Katechismen aufbereitet hat? Eine Kirche, der man nicht ansieht, dass sie Gott sucht und wagt, zeigt sich den Menschen ratlos und geistlos, mit Antworten auf Fragen, die nur noch »Eingeweihten« von Herzen kommen mögen. Gott suchen hieße auch, *die Menschen suchen*, ihre Sehnsucht, ihr Fühlen, ihre Ängste, ihre Lust und Freude, ihre Not, ihren bösen und ihren guten Willen. Wenn man sie wirklich aufsuchen, wenn man das Mitsuchen und Mitfühlen mit ihnen wagen will, wird man sie finden und antreffen. Wird man mitten unter ihnen dem Herrn der Kirche begegnen. Es sollte nicht dazu kommen, dass wir ihn da nicht gesucht haben, weil wir Wichtigeres zu tun hatten und nachhause gegangen sind in unsere Studierzimmer und Konferenzen.

Anmerkungen

[1]   Friedrich Nietzsche, Die fröhliche Wissenschaft, Aphorismus 125, in: Giorgio Colli – Mazzino Montinari (Hg.), Sämtliche Werke Bd. 3. Kritische Studienausgabe, München – Berlin – New York 1980, 480–482, hier: 480.

[2]   Martin Walser, Über Rechtfertigung, eine Versuchung, Reinbek bei Hamburg ⁴2012, 81.

[3]   Nietzsche, Die fröhliche Wissenschaft, Aphorismus 125 (s. Anm. 1), 482.

[4]   Ein erschütterndes Gegenbild, das Motive aus der Gründonnerstagsliturgie der Altar-Entleerung aufgreift, entwirft der ungarische Dichter László Krasznahorkai in seinem Text *Gehen in einem Raum ohne Segen*. Der Priester bittet Gott um die Rücknahme seines Segens für das von ihm leergeräumte Kirchengebäude: »Dein verdorrtes Volk gibt Dir heute feierlich dieses Haus des Gebets zurück, wo es, obwohl es Dich verehrte, nicht aus Deinem Wort lernte und seine Seele nicht mit Deinen Sakramenten nährte (…). Nun bitten wir, nimm diesen Segen zurück, weil wir den Impulsen des Geistes nicht gefolgt sind.« Zitiert nach: László Krasznahorkai, Die Welt voran, Frankfurt a. M. 2015, 368–377, hier: 371 u. 376. Ich verdanke diesen Hinweis Alexander Susewind.

[5]   Hier ist von der neuen *kapporät* die Rede, dem Deckel der Bundeslade, dem Fußschemel des darüber thronenden Gottes.

[6]   Gottes Wort hat, da es Fleisch geworden ist, »unter uns gezeltet« – so die wortgetreue Übersetzung.

[7]   Jürgen Ebach, Schrift-Stücke. Biblische Miniaturen, Gütersloh 2011, 135. Für die biblische Dimension vgl. Paul Deselaers, Die Fragen hören nicht auf. Eine biblisch-poetische Spurensuche. Im vorliegenden Band, 13–29.

[8]   Spanischer Text: https://es.zenit.org/2013/03/25/discurso-decisivo-del-cardenal-bergoglio-sobre-la-dulce-y-confortadora-alegria-de-evangelizar (Zugriff am 20.12.2022). Übersetzung von Norbert Arntz.

[9]   Dietrich Bonhoeffer, Widerstand und Ergebung. Briefe und Aufzeichnungen aus der Haft, Werke Bd. 8, Gütersloh 2015, 533f.

[10] Ebd., 534.

[11] Sören Kierkegaard, Die Krankheit zum Tode. Gesammelte Werke (Abteilung 24/25), hg. v. Emanuel Hirsch, Gütersloh ⁴1992, 35.

[12] Vorausgehende Zitate: Ebd., 37.

[13] Vgl. Kurt Martis »Evangeliums-Zeilen«: »es kommt eine auferstehung / die anders ganz anders wird als wir dachten / es kommt eine auferstehung die ist / der aufstand gottes gegen die herren / und gegen den herrn aller herren: den tod.« Zitiert nach: Ders., Leichenreden, München 2004, 67.

[14] Meister Eckhart spricht davon eindringlich in seiner Predigt 1 »Intravit Jesus in templum«, in: Ders., Deutsche Predigten und Traktate, hg. u. übersetzt von Josef Quint, München [5]1978, 153–158.

[15] Vgl. die unvergleichlich treffenden Ausführungen Martin Luthers in seinem großen Katechismus zu der Frage, was es heißt, einen Gott zu haben (Vgl. Luthers Werke Bd. 4, hg. von Otto Clemen, Berlin [6]1967, 4–8). Bei Blaise Pascal kann man dann lernen, wie unangemessen die »wissende« Beobachterperspektive im Gottesverhältnis bleiben muss. Es ist, so schreibt er, »gleich gefährlich für den Menschen, Gott zu kennen, ohne sein [eigenes, d. Verf.] Elend zu kennen, wie sein Elend zu kennen, ohne den Erlöser zu kennen«. Zitiert nach: Ders., Pensées. Über die Religion und über einige andere Gegenstände, hg. von Ewald Wasmuth, Gerlingen [9]1994, 251, Fragment 556.

[16] Augustinus bezeugt auf seine Weise, wovon hier die Rede ist. Zu Beginn seiner Confessiones ruft Augustinus betend den Menschen in seiner Kreatürlichkeit in Erinnerung, der von sich aus keinen angemessenen Zugang zum Lobpreis Gottes finden könnte. Dann folgen die berühmten Worte: »Du selbst aber gibst den Antrieb (…) denn zu dir hin hast du uns geschaffen und unruhig ist unser Herz, bis es ruht in Dir.« Zitiert nach: Augustinus, Confessiones / Bekenntnisse. Lateinisch-Deutsch. Eingeleitet, übersetzt und erläutert von Joseph Bernhart, München [4]1980, I,1.

[17] Vgl. Tomáš Halík, Geduld mit Gott. Die Geschichte von Zachäus heute, Freiburg i. Br. [8]2016.

[18] Martin Buber, Die Erzählungen der Chassidim, Zürich 1949, 191.

Martin Rohner

Fragiles Transzendenzvertrauen

Eine religionsphilosophische Spurensuche im säkularen Zeitalter

Verborgener Gott – verborgener Glaube?

Fehlt Gott? Wie und wo fehlt Gott? Wer oder was fehlt, wenn Gott fehlt? Philosophisch differenzierter formuliert: Was bedeutet es, davon zu sprechen, dass Gott fehlt?

–   Fehlt Gott *deistisch* im Sinne des *Immanentismus* neuzeitlich-moderner Welterfahrung, deren humanistisches Wirklichkeitsverständnis funktioniert, *etsi Deus non daretur* – auch wenn es Gott nicht gäbe – und für das er bestenfalls »extramundane« Randannahme zu sein scheint?

–   Fehlt Gott *atheistisch* im Sinne der *Nihilismus-Diagnose*, die Friedrich Nietzsches »toller Mensch« den Passanten auf dem Markt ebenso wie in der Kirche entgegenschleudert, denen eben nichts zu fehlen scheint, weil sie die unabsehbaren Folgen nicht einmal ansatzweise ahnen, die der »Tod Gottes« nach sich zieht?[1]

–   Fehlt Gott *agnostisch* im Sinne etwa des *Existenzialismus* der Absurdität eines Albert Camus, für den angesichts der schmerzhaften Diskrepanz zwischen menschlichem Sinnverlangen und einer darüber gleichgültig hinweggehenden Realität jede Hoffnung auf Transzendenz haltlos geworden zu sein scheint?

–   Oder aber fehlt Gott buchstäblich *fundamental-theologisch* im Sinne der *Erfahrung der Verborgenheit Gottes*, die womöglich gerade das moderne Selbst- und Weltverständnis neu mit der in den Spuren biblisch begründeten Glaubens ausgelegten religiösen Frage zu verbinden vermag?

Wie immer man die Frage nach dem Fehlen Gottes verortet, jedenfalls ein Grundzug wird deutlich erkennbar: die Nicht-Selbstverständlichkeit des Gottesglaubens. Eben diesen Grundzug aber hat Charles Taylor zum Ausgangspunkt seines in jeder Hinsicht großen Werks *A Secular Age* gewählt: Warum – so seine Frage – war es etwa vor 500 Jahren quasi »unmöglich, nicht an Gott zu glauben«[2], während das in unserer heutigen Kultur nicht nur möglich ist, sondern vielfach naheliegender zu sein scheint? Taylor unterstellt damit keineswegs, dass die Menschen vergangener Epochen frömmer gewesen seien; eher war der Gottesglaube fragloser Bestandteil des sozial vermittelten Wirklichkeitsverständnisses. Dann aber könnte die säkulare Nicht-Selbstverständlichkeit des Glaubens heute womöglich den biblischen Ursprüngen des christlichen Glaubens wieder viel näher kommen: War denn etwa das Glaubensvertrauen für Abraham, Ijob oder die ersten Jüngerinnen und Jünger Jesu »selbstverständlich«?! Religionsphilosophisch geht es mir hier um eine Spurensuche angesichts der Verborgenheit Gottes unter den Bedingungen eben dieses säkularen Zeitalters, sprich: unserer Gegenwart.

Dazu noch eine programmatische Vorbemerkung: *Religionsphilosophie* ist Philosophie, die es mit Religion zu tun hat. Das ist weniger trivial, als es sich zunächst anhört. Und zwar nicht nur, weil natürlich ausgesprochen strittig ist, was unter »Religion« einerseits, »Philosophie« andererseits zu verstehen ist. Jedenfalls hat Religionsphilosophie es mit Religion nicht nur zu tun, insofern Religion(en), Glaube, Gottesfrage seit jeher zu den zentralen Themen und Bezugspunkten philosophischen Denkens gehören, sondern auch insofern die dabei artikulierten Denk- und Sprachpotentiale einer Philosophie nicht gleichgültig bleiben können, die sich um eine kritische, nach guten – vernünftigen – Gründen suchende Reflexion des menschlichen Selbst- und Weltverständnisses bemüht. Damit aber ist die in (weiten?) Teilen zumindest des akademischen Fachbetriebs zu konstatierende »Gottvergessenheit der Philosophie«[3] nicht nur religionsphilosophisch, sondern umfassender kulturtheoretisch-zeitdiagnostisch und nicht zuletzt existentiell gleichermaßen unbefriedigend, da zumindest der theologische Fragehorizont auch für ein angemessenes Verständnis moderner Wirklichkeitserfahrung unverzichtbar bleiben dürfte. Wenn man in diesem Sinne entschieden für Philosophie und Theologie im Dialog eintritt, wird allerdings auch eine Rückfrage an die Theologie nicht ohne Grund sein: Ist sie derzeit nicht so sehr in Atem gehalten von dogmatischen und praktischen Reparaturen am einsturzgefährdeten kirchlichen Lehrgebäude, dessen Denkmalschutz in der Öffentlichkeit aus nachvollziehbaren Gründen zunehmend fragwürdiger erscheint, dass dem theologischen Denken die Konzentration verloren geht auf das, was Karl Rahner einst als »die wahre Sache der Theologie« herausgestellt hat, die im Alltagsgeschäft von akademischer Theologie und kirchlicher Verkündigung gleichermaßen aus dem Blick zu geraten droht: nämlich die abgründige »Unbegreiflichkeit Gottes«?[4] Und wie wäre diese Konzentration auf die wesentliche Gottesfrage obendrein zusammenzubringen mit der heute oft vermissten Sensibilität für die Pluralität lebensweltlicher und lebensgeschichtlicher Erfahrung in all ihrer Spannungshaltigkeit?

Fehlt Gott? Philosophisch wie theologisch sollte – spätestens für ein Denken nach Immanuel Kant – klar sein: Gott ist kein Wissensgegenstand, kein metaphysisches Erklärungsprinzip, auch kein Moralgarant. Und so kann Gott auch nicht fehlen wie die Lösung eines Problems. Die Gottesfrage bewegt sich in einem anderen Sprachspiel: »Du fehlst mir!« – Wo Menschen das einander sagen, ist es typischerweise Ausdruck einer Liebesbeziehung. So ist auch die Frage nach Gott die Frage nach einer existentiellen Beziehung des Menschen. Und damit ist die Gottesfrage vorrangig eine, vielleicht die *Vertrauensfrage* menschlicher Existenz. Mit anderen Worten: Die Gottesfrage ist nicht unabhängig von der *Glaubensfrage* zu stellen. »Die Botschaft hör' ich wohl, allein mir fehlt der Glaube …«[5] Ließe sich das Fehlen des Glaubensvertrauens, so wie es Goethes Faust wohl charakteristisch für moderne Zeiten zum Ausdruck bringt, womöglich ähnlich deuten wie das auf die Verborgenheitserfahrung fokussierte Fehlen Gottes? »Fehlt« der Glaube vielfach eher in der Weise, dass seine Möglichkeit verborgen ist?

Glaube, Existenz und Kultur

Im Herbst 1962 – just in den Tagen, an denen das Zweite
Vatikanische Konzil beginnt, das die katholische Kirche endlich
den Herausforderungen von Moderne und säkularer Kultur
produktiv näher zu bringen anfängt – erscheint ein Buch, dessen Verfasser einer der seinerzeit prominentesten deutschsprachigen Philosophen ist. Der erste Satz darin lautet: »Die
Möglichkeit, zu glauben, ist heute in zahllosen Menschen
verborgen.«[6] Freilich folgt schon wenige Zeilen später die Feststellung: »Die kirchliche Autorität biblischen Offenbarungs-
glaubens tut mit ihren gegenwärtigen Gestalten immer weniger
Menschen in ihrem Innersten genug.«[7] Wieviel mehr wohl
würde Karl Jaspers, von dessen religionsphilosophischem
Alterswerk *Der philosophische Glaube angesichts der Offenbarung*
hier die Rede ist, diese These heute, sechs Jahrzehnte später,
energisch unterstreichen! Angesichts des dramatisch verschärf-
ten Bedeutungs- und Glaubwürdigkeitsverlusts des Christentums zumindest in unseren Breiten im Zuge vielschichtiger
Kirchenkrisen und Missbrauchsskandale wird die kirchlich
vermittelte Glaubensgestalt ja auch innerhalb der Glaubensgemeinschaft selbst zunehmend in Frage gestellt. Der Exis-
tenzphilosoph Jaspers, obgleich evangelisch getauft und zeit-
lebens in eindrücklicher innerer Auseinandersetzung mit dem
Christentum, profilierte gerade in jenem späten Werk seinen
Versuch eines philosophischen Glaubens in mitunter schroffer
Absetzung vom kirchlich vermittelten und aus seiner Sicht
zu autoritär-intoleranten Absolutheitsansprüchen neigenden
Offenbarungsglauben. Freilich ist schon bei Jaspers selbst die
Verhältnisbestimmung sehr viel komplexer, als es diese Ent-
gegensetzung zunächst vermuten lässt – zumal ihm die Ange-

wiesenheit der eigenen Glaubenshaltung auf das Erbe dessen, was er gerne die »biblische Religion« nannte, sehr bewusst war.

Jaspers' philosophisches Ringen um ein existenzbezogenes Glaubensverständnis ist als inspirierender Ausdruck gegenwärtiger Glaubenserfahrung in der Vertrauenskrise des säkularen Zeitalters lesbar – unabhängig davon, wie überzeugend seine Entgegensetzung von philosophischem Glauben und Offenbarungsglauben sein mag. Denn Karl Jaspers kann exemplarisch stehen für das, worum es mir hier geht: ein philosophisch reflektiertes *fragiles Transzendenzvertrauen*, das der Erfahrung der Verborgenheit Gottes unter säkularen Bedingungen besonders entspricht. Ein solches Glaubensverständnis hat, wie man bei Jaspers lernen kann, den Vorzug, nahe an der Erschließung lebensweltlicher bzw. lebensgeschichtlicher Erfahrungen zu bleiben und diese im säkularen Kontext zugleich mit den kulturell tradierten Deutungspotentialen religiöser Sprache in ihren biblischen und christentumsgeschichtlichen Überlieferungen zusammenzubringen.

Exemplarisch für eine solche Lesart lässt sich in den philosophisch-theologisch-spirituellen Grenzregionen etwa an die Reflexionen von Tomáš Halík erinnern, der nicht ohne Grund als katholischer Religionsdenker im säkularen Kontext besondere Beachtung findet. Halík profiliert den christlichen Glauben in biblischen Spuren ausdrücklich als »Offenheit gegenüber der Verborgenheit Gottes«[8]. Die »Erfahrung der Verborgenheit Gottes« aber ist nach Halík eben zugleich »das Charakteristikum der religiösen Erfahrung des Menschen der Spätmoderne«[9]. Der Glaube kommt vor diesem Hintergrund auch und gerade unter säkularen Bedingungen im Modus der Hoffnung ins Spiel: »Ich bin mir«, so Halík, »dessen bewusst, dass ich zu einer Reihe von Sätzen des christlichen Glaubensbekenntnisses ein aufrichtiges

›Amen‹ nur deshalb sagen kann, weil dieses ›Amen‹ ›ich hoffe darauf‹ bedeutet.«[10] Ein in diesem Modus vollzogenes Vertrauen dürfte einem autoritär-dogmatistischen Verhärtungen von religiösen Glaubensgestalten gegenüber kritischen und sich seiner eigenen Fragilität bewussten Transzendenzvertrauen, wie es Jaspers' philosophischer Glaube artikuliert, durchaus entsprechen – gerade im die Moderne kennzeichnenden »Konflikt der Interpretationen« (Paul Ricœur).

Nach dieser breiteren Sondierung des Problemfeldes möchte ich einige Spuren etwas weiter verfolgen, um ein solches fragiles Transzendenzvertrauen einerseits existenzphänomenologisch näher zu verorten und andererseits anzudeuten, wie es heute im religionsphilosophischen Diskurs zur Sprache gebracht werden kann.

Fragilität des guten Lebens und die Frage der Transzendenz

Eine erste Spur eröffnet das Leitmotiv der Fragilität selbst. Fragilität kommt auch bei Charles Taylor eine Schlüsselbedeutung zu, insofern die für das säkulare Zeitalter kennzeichnende Optionalität – also Nicht-Selbstverständlichkeit – aller Glaubenshaltungen deren »Fragilisierung« impliziert.[11] Wobei gleich hinzuzufügen ist, dass diese Schwächung einer Glaubenshaltung auch in Taylors Sinne zugleich die Möglichkeit ihrer Vertiefung bietet, weil die Angefragtheit und Nicht-Selbstverständlichkeit eben auch zur intensiveren Reflexion und bewussten Rechenschaft führen kann. Nicht nur Halíks Betrachtungen geben ein eindrückliches Zeugnis für diese produktive Möglichkeit eines fragilen und gerade so vertieften

Glaubens. Doch die existentielle Dimension der Fragilität reicht weit darüber hinaus.

Schon ein Blick ins Wörterbuch lehrt, dass fragil sowohl »zerbrechlich« als auch »zart« bedeutet. In dem damit angedeuteten Spannungsfeld von Verletzlichkeit und steter Gefährdung der Existenz einerseits, verheißungsvollen Spuren, die der menschlichen Sehnsucht nach gelingendem Leben entgegenkommen, andererseits bewegt sich nicht nur die religiöse Selbstverständigung. Nun sind gerade die elaborierten Denk- und Sprechversuche von Metaphysik und Theologie im Horizont der Moderne ja zunehmend unter den Verdacht geraten, »die erfahrene Fragilität der konkreten Existenz« zu marginalisieren bzw. idealistisch zu überhöhen, anstatt die »Bedürftigkeit, Angewiesenheit und Verletzlichkeit«[12] des Menschen wirklich radikal ernst zu nehmen und in ihrer humanen Dignität zu würdigen. Dem existentiellen Fragilitätsbewusstsein menschlicher Selbstverständigung unverkürzt Raum zu geben, dürfte daher eine wesentliche Voraussetzung dafür sein, die Frage der Transzendenz unter säkularen Bedingungen glaubwürdig zur Sprache bringen zu können.

Das menschliche Streben nach einem guten Leben ist – vor aller Philosophie und Theologie – gezeichnet von solcher Fragilitätserfahrung. Nicht erst der Glaube, schon das »Glück« bleibt ja fragil.[13] Denn ist nicht, wie Theodor W. Adorno einmal notiert, »alles Glück durch seine Widerruflichkeit entstellt«?[14] Oder mit Walter Benjamin zur These zugespitzt: »Es schwingt (…) in der Vorstellung des Glücks unveräußerlich die der Erlösung mit.«[15] Wem diese Behauptungen von Autoren der älteren Kritischen Theorie zu sehr von ihrer negativistischen Geschichtsphilosophie bestimmt scheinen, der wird die Spur jener »bleibenden Sehnsucht noch *in* jedem Glück«[16] aber durchaus auch in für die gegenwärtigen Debatten um eine Theorie der Moderne wichtigen sozialphilosophischen Entwürfen aufnehmen können, die zurückhaltender argumentieren, aber durchaus nicht weniger ambitioniert sind.

Ich mache nur zwei kurze Andeutungen: Hartmut Rosa hat die alte Frage der Ethik des guten Lebens unter Bedingungen der ambivalenten Moderne viel beachtet im Rahmen einer »Soziologie der Weltbeziehung« reformuliert und dabei den Begriff der »Resonanz« ins Zentrum gerückt.[17] Gelingende Welt-

beziehungen zeichnen sich dadurch aus, dass sie Antwortbeziehungen sind – dass die Welt mir also nicht indifferent oder gar feindselig bloß im Modus der »Entfremdung« begegnet, sondern in ihr »Resonanz« möglich wird. Der Fragezusammenhang von Fragilität und Transzendenz eröffnet sich dabei mindestens in zwei Hinsichten: Zum einen gehört laut Rosa zu einer solchen Resonanzerfahrung neben der Erwartung an meine eigene »Selbstwirksamkeit« zugleich konstitutiv – da es eben um eine Antwortbeziehung geht – das Moment der »Unverfügbarkeit«. Und insofern ist Resonanz eine prinzipiell fragile Angelegenheit. Zum anderen stellt sich gerade in der von Rosa breit diagnostizierten Resonanzkrise der Spätmoderne die Frage nach einer möglichen »Tiefenresonanz«, wie sie nicht nur, aber eben auch in der Religion artikuliert wird: Ob die Welt am Ende – siehe Camus – schweigt und über das existentielle Resonanzverlangen des Menschen gleichgültig hinweggeht oder ob doch das Vertrauen auf eine letzte Resonanz als Grund der Wirklichkeit begründet ist, das muss für eine soziologische Resonanztheorie offen bleiben. Ist aber die Erfahrung der Resonanz, mit Rosa gesprochen, »das Aufblitzen der Hoffnung auf Anverwandlung und Antwort in einer schweigenden Welt«[18], so wird diese Vertrauensfrage zumindest der Philosophie doch weiter zu denken geben müssen.

Das lässt sich auch im Blick auf einen zweiten sozialphilosophischen Ansatz der Gegenwart unterstreichen: Hans Joas lenkt in seinen Schriften die Aufmerksamkeit immer wieder auf »Erfahrungen der Selbsttranszendenz«, bei denen Menschen – z. B. in einer Liebesbeziehung – auf existentiell prägende Weise über sich und die eigenen Möglichkeiten hinausverwiesen werden.[19] Solche Erfahrungen der Selbsttranszendenz sind laut Joas entscheidender Ausgangspunkt für Wert- und Idealbildungen und damit verbunden etwa auch für Prozesse der »Sakralisierung«, wenn sich die Berührung durch etwas als »unbedingt wichtig«, ja »heilig« Erfahrenes manifestiert und sich die Frage nach den Quellen solcher Erfahrung stellt. Freilich sind solche Erfahrungen der Selbsttranszendenz wiederum ebenso deutungsbedürftig wie deutungsoffen – sie zwingen ja keineswegs etwa zu einer religiösen Deutung der Selbsttranszendenz auf »die Transzendenz« hin. Und auch die »Macht des Heiligen« ist bekanntlich ambivalent. Bei der Deutung des Phänomens der Selbsttranszendenz geht es, wie Joas in Charles Taylors Spuren hervorhebt, um eine komplexe Wechselbeziehung von Erfahrung, Interpretation und kulturell vermittelter Artikulation.

Worauf es mir hier ankommt: Das Streben nach gelingender, »resonanter Weltbeziehung« und die nach Deutung verlangenden »Erfahrungen der Selbsttranszendenz« sprechen dafür, dass die traditionellerweise als »metaphysisch« charakterisierten Sinnfragen menschlicher Existenz im Horizont moderner Selbstverständigung alles andere als obsolet sind. Die krisenhaft erfahrene oder zumindest untergründig virulente Fragilität eines guten Lebens provoziert die Frage nach der Bedingung der Möglichkeit eines Sinn- respektive Transzendenzvertrauens. Bei dieser Frage geht es nämlich buchstäblich ums Ganze: um das Ganze von Selbst und Welt und um dessen letzten Grund – eben, wie es Volker Gerhardt in seinem philosophischen »Versuch über das Göttliche« ausdrückt: um den »Sinn des Sinns«.[20] Folgt man Gerhardts Reflexionen, nehmen wir diesen »Sinn des Sinns« in unseren Sinnerfahrungen und Ganzheitsbezügen immer schon in Anspruch. Das muss auch philosophisch zu denken geben, geht es dabei doch, wie auch Hans Küng immer wieder herausgestellt hat, um die Frage eines durchaus vernünftigen Vertrauens.[21] Aber ist unter sogenannten »nachmetaphysischen« Bedingungen ein inhaltlich gehaltvoller Beitrag der Philosophie zu derartigen Sinnfragen überhaupt noch zu erwarten? Es könnte einen Schritt weiterführen, mit diesem Problem beim wohl prominentesten Vertreter eines programmatisch »nachmetaphysischen Denkens« anzuknüpfen.

Existentielle Sinnfragen unter Bedingungen nachmetaphysischen Denkens?

Damit sind wir mitten in der Frage, wie ein solchermaßen existenzphänomenologisch zu verortendes fragiles Transzendenzvertrauen im gegenwärtigen philosophischen Diskurs zur Sprache kommen kann. Jürgen Habermas hat in seinem 2019 erschienenen Alterswerk *Auch eine Geschichte der Philosophie* auf beeindruckende Weise die Lernprozesse nachgezeichnet, die im Spannungsfeld von Glauben und Wissen, Philosophie und Theologie von der »achsenzeitlichen« Antike bis zur Moderne jene Problemkonstellationen figuriert haben, die Habermas als »nachmetaphysisch« kennzeichnet.[22] Damit nimmt dieser bedeutende Gegenwartsphilosoph eine Frage auf, die ihn, der sich selbst ausdrücklich als »religiös unmusikalisch« versteht, in den vergangenen Jahrzehnten mit zunehmender Intensität beschäftigt hat: Auch das säkulare (oder postsäkulare) Denken bleibt darauf angewiesen, einen »Sinn für die Artikulationskraft religiöser Sprachen«[23] zu bewahren. Es ist daher philosophisch vernünftig, weiterhin an deren »Übersetzung« interessiert zu sein, wie Habermas es etwa schon in den Spuren Immanuel Kants für ein nachmetaphysisches Denken vorgezeichnet sieht. Die humane Selbstverständigung braucht offenbar ein »Bewusstsein von dem, was fehlt«, wenn religiös grundierte Vertrauens- und Hoffnungsgründe ihren Kredit aufgebraucht zu haben scheinen.[24]

»Nachmetaphysisch« – der Begriff mag etwas anfällig für Missverständnisse sein – meint vor diesem Hintergrund schlicht, dass der philosophische Verzicht auf den Wissensanspruch umfassender, auf den Menschen zentrierter Weltbilder, die »die Welt im Ganzen zu erklären« meinen, unwiderrufliches Ergebnis jener kulturellen Lernprozesse ist, die im Diskurs von Glauben und Wissen zur modernen Situation geführt haben.[25] Auch hier ließe sich von Fragilität sprechen. Es bleibt freilich strittig, wie die »vernünftige Freiheit«, um die es Habermas emphatisch zu tun ist, und eine an ihr interessierte Philosophie, die an einem umfassenden »Begriff der kommunikativen Vernunft«[26] festhält, sich unter diesen Konditionen zur Artikulation religiös-metaphysischer Sinnfragen verhalten.

Die differenzierten Argumentationen in Habermas' großem Buch sind hier natürlich nicht nachzuzeichnen. Ich beschränke mich auf eine Rückfrage und einen Anknüpfungspunkt, nämlich die Rückfrage: Wird in Habermas' Lesart eines nachmetaphysischen Denkens nicht die philosophisch mögliche und nötige Artikulation solcher Sinnfragen und ihrer auch religiösen Deutungspotentiale als eine auch gegenwärtig zu plausibilisierende Lebensoption doch zu sehr marginalisiert? Wenn es der Philosophie um die »rationale Klärung unseres Selbst- und Weltverständnisses«[27] gehen soll, bleibt es unbefriedigend, wenn sie selbst in diesen zentralen Fragen kaum mehr sprach- und rechenschaftsfähig sein sollte. Daher der Anknüpfungspunkt: In *Auch eine Geschichte der Philosophie* würdigt Habermas an auffällig prominenter Stelle just den philosophischen Ansatz von Karl Jaspers – nämlich in den einführenden Überlegungen zur Frage, ob Religion auch heute noch eine »gegenwärtige« Gestalt des Geistes sei.[28] Habermas geht hier auffällig wertschätzend auf Jaspers' Versuch einer Überwindung des »säkularistischen« Selbstverständnisses und einer den Dialog von Glaubenshaltungen fördernden existenz- und vernunftbezogenen Philosophie ein. Freilich markiert er ebenso prägnant die entscheidende Differenz zu seinem eigenen Verständnis »nachmetaphysischer« Philosophie: Jaspers – so Habermas' Kritik – öffne »die Schleusen für die zwischen Philosophie und Religion hin und her flutenden Kommunikationsströme« um den »Preis einer *Angleichung* philosophischer Einsichten an den religiösen Glaubensmodus«, da er eben den »Preis der Ernüchterung« nicht zahlen wolle, »den eine im wissenschaftlichen Geist betriebene Philosophie entrichten« müsse: »Nach Jaspers soll auch der Philosoph noch so aus seinen Einsichten leben können wie der Gläubige aus der Quelle einer religiösen Lehre – alles andere ist für Jaspers keine Philosophie mehr. Auf die appellative Kraft des Philosophierens will er nicht verzichten. So steht eben doch Glaube gegen Glauben.«[29]

Im Blick auf diese pointierte Charakterisierung ist freilich auch eine Gegenrechnung aufzumachen: Habermas selbst zahlt – was er gar nicht bestreiten würde – den Preis des weitgehenden Verzichts auf philosophische Artikulation existentiell bedeutsamer Sinnfragen. Gehört aber deren kritisch-reflexive Erörterung und damit auch die Frage nach der Rationalität eines Transzendenzvertrauens und der Bedeutung des Gottesgedankens nicht unverändert zum Interesse der Philosophie, wenn sie denn nicht nur ihrem Namen – »Streben nach Weisheit« –, sondern auch ihrer großen Geschichte, die Habermas so eindrücklich und anregend nachzuzeichnen vermag, treu bleibt? Dann aber wird die Philosophie doch nicht – um es etwas zugespitzt auszudrücken – mit dem Schleusenwärter Habermas die »zwischen Philosophie und Religion hin und her flutenden Kommunikationsströme« so sehr in den getrennten Wasserbecken zurückhalten dürfen, dass kein Schiff der Sinnfragen mehr über diese Schleuse auf einen zukunftsweisenden Weg gebracht zu werden vermag. So könnte der philosophische Glaube, um den Jaspers ringt, doch rational kommunikabler sein, als von Habermas angenommen.

Auch unter nachmetaphysischen Bedingungen erschiene dabei Metaphysik, wie Albert Stüttgen einmal notiert hat, »nicht als das unter allen Umständen zu Vermeidende, sondern als ein Sichverwiesenwissen auf den verborgenen Grund aller Erscheinungen, der als solcher allem menschlichen Denken und Handeln vorgegeben ist«[30]. Geht es doch letztlich mit Jaspers um die philosophisch nicht zu marginalisierende Frage, »woraus und wohin wir leben sollen«[31].

Philosophischer Glaube?

Philosophischer Glaube nach Karl Jaspers. Unter diesem hintersinnigen Titel hat Bernd Weidmann unlängst ein, so der Untertitel, *Plädoyer für ein offenes Konzept* vorgelegt.[32] Weidmann, der sich in den letzten Jahren als Herausgeber bei der Neuedition der für dieses Thema einschlägigen Texte in der großen kommentierten Jaspers-Gesamtausgabe verdient gemacht hat, weist zutreffend darauf hin, dass der von Jaspers geprägte Begriff »philosophischer Glaube« in der Philosophie als Terminus kaum Aufnahme gefunden hat – und zwar auch da nicht, wo durchaus die Frage des Glaubens thematisiert wird, wie etwa bei Volker Gerhardt. Nun kennzeichnet den Begriff bei Jaspers selbst sicher eine gewisse Unbestimmtheit, die sich freilich im Sinne von Weidmann auch positiv als Offenheit auslegen lässt. Tatsächlich läge dann »in dieser begrifflichen Unbestimmtheit gerade der besondere Reiz des philosophischen Glaubens. Viele Menschen, die den religiösen Glauben in seiner kirchlich-dogmatischen Form verloren oder nie gewonnen haben, sehen im philosophischen Glauben eine Möglichkeit, existentielle Erfahrungen überhaupt erst als Transzendenzerfahrungen zu verstehen und zu artikulieren. Wem die theologische Rede von Gericht und Gnade nichts mehr sagt, kann durch die existenzphilosophische Rede vom ›Sichausbleiben und Sichgeschenktwerden‹ unmittelbar angesprochen sein.«[33]

Dass nun Jaspers aber – insbesondere in seinem Spätwerk – dazu neigt, diesen Glauben doch »in Konkurrenz zum christlichen Glauben« und seiner kirchlichen Gestalt zu profilieren, fördert laut Weidmann diese Offenheit nicht gerade: »Je schärfer er [der philosophische Glaube, d. Verf.] sich abgrenzt und auf seinen eigenen Ursprung pocht, desto stärker wird er auf sich selbst zurückgeworfen. (…) Man kann verstehen, dass gerade diejenigen, die von Jaspers wichtige Impulse empfangen haben, über diese willkürlich gezogene Grenze, diesen künstlich inszenierten Kampf der Glaubensmächte großzügig hinwegsehen: Warum sollte die Weite und Offenheit des Jaspers'schen Denkens nicht auch im christlichen Glauben zur Geltung kommen können?«[34] So wäre mit Bernd Weidmann zu konstatieren: »Jaspers hat mit dem, was er den philosophischen Glauben nannte, etwas Richtiges getroffen, das es zu bewahren gilt. Es geht dabei nicht um einen bestimmten Glauben in Konkurrenz zu einem anderen, sondern um eine bestimmte Weise zu glauben. Anders formuliert: Der philosophische Glaube ist eine Alternative nicht zum christlichen, wohl aber zum dogmatischen [besser: dogmatistisch verhärteten, d. Verf.] Glauben.«[35] Im säkularen Zeitalter erfahren eben auch viele, die sich durchaus dem kirchlich vermittelten Offenbarungsglauben verbunden und von ihm existentiell geprägt wissen, ihren Glauben auf jene fragile Weise, wie sie in Jaspers' Konzept reflektiert ist. Die Grenze verläuft dann weniger zwischen »philosophisch Gläubigen« und »Offenbarungsgläubigen« als vielmehr, mit Tomáš Halík gesprochen, zwischen *seekers* und *dwellers* – »Suchenden« und »heimisch Gewordenen«.[36] Jaspers' Konzept ist ein Seekers-Konzept.

Bernd Weidmanns Überlegungen sind auch deshalb wichtig, weil sie zu zeigen versuchen, wo bei Jaspers selbst Ansätze zur Überwindung der polarisierten Entgegensetzung auszumachen sind. Dafür steht gerade ein von Weidmann aus dem Nachlass erstmals vollständig edierter, für Jaspers' Denkweg zentraler Text: die 1942/43 entstandenen *Grundsätze des Philosophierens*.[37] Obgleich wichtige Passagen aus dieser, so der Untertitel, *Einführung in philosophisches Leben* in Jaspers' Schriften der Nachkriegsjahre eingegangen sind, blieb das eindringliche Zeugnis für Jaspers' philosophisches Ringen um den Glauben zu Lebzeiten insgesamt unveröffentlicht. Das mag, folgt man Weidmann, nicht zuletzt damit zusammenhängen, dass Jaspers sich in diesen *Grundsätzen* besonders exponiert angesichts der existentiellen Grenzerfahrung einer zunehmend lebensbedrohlichen Situation, in der er sich mit seiner jüdischen Frau Gertrud angesichts der nationalsozialistischen Unterdrückung und Verfolgung in diesen Kriegsjahren befindet. Wie nie zuvor und auch später nicht wieder bedrängte ihn die Frage, was den eigenen Glauben letztlich trägt. Und so wagt Jaspers in den *Grundsätzen des Philosophierens* gleich im ersten Kapitel ausdrücklich »Philosophische Glaubensgehalte« zu formulieren. Die fünf Gehalte sind später zwar inhaltlich, wenn auch teilweise modifiziert, in die einschlägigen Vorlesungen *Der philosophische Glaube* (1948) oder auch in die *Einführung in die Philosophie* (1950) eingegangen, aber in dieser konfessorischen Prägnanz in den *Grundsätzen des Philosophierens* einzigartig komprimiert: »Gott ist« – »Es gibt die unbedingte Forderung im Dasein« – »Der Mensch ist endlich und unvollendbar« – »Der Mensch kann in Führung durch Gott leben« – »Die Realität in der Welt hat ein verschwindendes Dasein zwischen Gott und Existenz«.[38]

Obendrein scheint sich damit, zumindest nach Weidmanns Lesart, eine bei Jaspers sonst nicht erreichte Nähe zu religiösen Kategorien wie Offenbarung (in einem weiteren Verständnis) und Gebet diskret-zurückhaltend, aber doch existentiell-eindringlich anzudeuten.[39] Zwar bleibt stets seine deutliche Distanz vor allem zur Christologie unmissverständlich, doch erlangen biblische Bezugspunkte eine Schlüsselstellung, so dass Weidmann zugespitzt von Jaspers' »Jeremiaereignis« sprechen kann.[40] Die Stelle Jeremia 45,4f. ist für Jaspers zentraler Bezugspunkt seines Glaubens geblieben. Es sind Worte des Propheten an seinen Schüler Baruch: »So spricht der Herr: Was ich gebaut habe, breche ich nieder, und was ich gepflanzt habe, reiße ich aus – dieses ganze Land. Du aber begehrst Großes für dich?

Begehre es nicht! Denn siehe, ich bringe Unheil über alles Fleisch – Spruch des Herrn; dir aber gebe ich dein Leben als Beute an allen Orten, wohin du auch gehst.« Auch in den Schriften der Nachkriegsjahre findet sich bei Jaspers immer wieder seine von dieser Stelle inspirierte leitmotivische Aussage: »Dass Gott ist, das ist genug.«[41] Dieser für Jaspers prägende Glaubens-Satz ist als Ausdruck einer Fragilitätserfahrung ebenso lesbar wie als Ausdruck eines in Grenzsituationen zu bewährenden Vertrauens – und darin nicht zuletzt eben als Ausdruck für die Erfahrung der Verborgenheit Gottes.

In seinem die Wirkungsgeschichte offenkundig stärker bestimmenden Spätwerk *Der philosophische Glaube angesichts der Offenbarung* nimmt Jaspers die Spur der »Glaubensgehalte«, wie Weidmann zutreffend festhält, nicht wieder auf, so wie auch der Begriff des philosophischen Glaubens dort eher vorausgesetzt als expliziert wird. Jaspers' philosophische Zurückhaltung gegenüber allen zu »fixierender« Bestimmtheit neigenden Aussagen mag dafür mit motivierend gewesen sein, dass er nun einen anderen Ansatz seines Denkens wieder in den Vordergrund rückt, der schon in seiner 1932 erschienenen *Philosophie*, genauer in deren dritten Band *Metaphysik*, zentral war, nämlich den Gedanken der »Chiffren der Transzendenz«.[42] Transzendenz kann in der Welt angemessen nur zur Sprache kommen, wo in existentieller Berührung die Vieldeutigkeit dieser Sprache ausgehalten und in der »Schwebe« gehalten wird; der philosophische Glaube wird zum Anwalt dieser Offenheit und Vieldeutigkeit der Chiffren – gerade in Abgrenzung zum religiösen Offenbarungsglauben, der, so Jaspers' Vorwurf, eine »Leibhaftigkeit« der Transzendenz in der Welt auszumachen suche und eben darum zu intoleranten Absolutheitsansprüchen neige.

Unbeschadet dieser werkgeschichtlichen Differenzierungen ist der philosophische Glaube bei Jaspers ein durchgängiges und zentrales Leitmotiv. Mit ihm wird ein fragiles Transzendenzvertrauen philosophisch auf eine Weise artikuliert, die paradigmatisch sein dürfte für die von Taylor erkundete Situation des säkularen Zeitalters mit ihrem »gegenläufigen Druck«, der vom Plausibilitätsverlust der überkommenen dogmatisch geprägten Religion wie vom Unbehagen an der bloßen Immanenz einer atheistischen Alternative ausgeht.[43] Und durchgehalten wird bei Jaspers nicht nur, dass dieser Glaube ebenso auf die individuelle Möglichkeit der Existenz konzentriert wie gegenüber religiösen Fixierungen kritisch ist, sondern auch, dass er um die eigene Angewiesenheit auf die Deutungspotentiale insbesondere der biblischen Überlieferungen weiß. Den wechselseitig inspirierenden Dialog mit der christlichen Theologie konnte Jaspers allerdings aufgrund seiner schroffen Entgegensetzung zum Glauben »aus anderem Ursprung« nur ansatzweise aufnehmen. Gerade darauf aber wäre eine Religionshermeneutik im säkularen Zeitalter angewiesen.

Religionshermeneutischer Ausblick: Existenzphilosophie und Kulturtheologie im Dialog

Eine Religionsphilosophie, die die Möglichkeit fragilen Transzendenzvertrauens im säkularen Zeitalter ins Zentrum rückt, wird sich vorbehaltloser, als es Jaspers konnte, auch von der Theologie zu denken geben lassen können. Jaspers selbst suchte in der Auseinandersetzung vor allem mit Karl Barth und Rudolf Bultmann eher Dialog-, bzw. besser Streitkonstellationen, die seiner Tendenz zum Antagonismus von philosophischem Glauben und Offenbarungsglauben entgegenkamen. Nimmt man Weidmanns Plädoyer auf, die Weite und Offenheit seines Konzepts noch stärker zu akzentuieren, wird man auch diesen Dialograum ausweiten.

Eine Religionshermeneutik, die sich auf das *existentiell* fragile Transzendenzvertrauen im *kulturellen* Kontext der Säkularität fokussiert, könnte gerade die Spannung und Beziehung von Existenzphilosophie und Kulturtheologie als exemplarische philosophisch-theologische Dialogkonstellation erkunden. Gerade kulturtheologische Ansätze verbinden ja die Einsicht, dass alle religiösen Aussagen an kulturelle Ausdrucksformen gebunden (und in diesem Sinne relativ) sind, mit der Zuversicht, auch und gerade die modern-säkulare Kultur als religionsoffen auf verborgene Glaubensspuren hin deuten zu können.[44] Paul Tillich, maßgeblicher Vertreter einer solchen Kulturtheologie, hat das gar zu der These zugespitzt: »Religion ist die Substanz der Kultur, und Kultur ist die Form der Religion.«[45] Das ermutigt gegenwärtige kulturtheologische Ansätze dazu, etwa mit Wilhelm Gräb »Sinnerfahrungen und Sehnsuchtsbilder« der Menschen von heute religionshermeneutisch ernst zu nehmen und in ihnen einer »Sprache des Glaubens« neu auf die Spur zu kommen, um kirchliche Binnenperspektiven damit ein Stück weit hinter sich zu lassen.[46] Der oft verborgene, aber existentiell prägende »Lebensglaube« von Menschen wird dann anregender Bezugspunkt auch für eine glaubwürdige Neuartikulation biblisch-christlicher Glaubenssprache, wie es vom heutigen »Alltagsethos« aus etwa Christoph Theobald eindrücklich unterstrichen hat.[47]

Wo existentielle Erfahrungen auf Transzendenz hin gedeutet und zugleich in ihrer Fragilität ernst genommen werden, kann sich dann, mit Jörg Lauster gesprochen, »eine breitere christliche Nachdenklichkeit als Grundzug moderner Frömmigkeit«[48] profilieren. Wie dabei die Fragilität einer heutigen religiösen Existenz eindrucksvoll wortmächtig werden kann, zeigt exemplarisch das Werk des Lyrikers und Theologen Christian Lehnert.[49] Von ihm ließe sich nicht zuletzt lernen: »Religiöse Rede wird dort überzeugend und kraftvoll, wo sie ihre eigene Unsicherheit zeigt.«[50] Bei der Erkundung eines solchen fragilen Transzendenzvertrauens mag das auf ihre Weise auch für die religionsphilosophische Reflexion gelten. Und dabei kann sie schließlich mit Hans-Georg Gadamer fragen, »ob die Vernunft je vernünftiger ist als in solchem Gewinn eines Selbstverständnisses an etwas, das sie selbst übersteigt«.[51]

Anmerkungen

[1] Vgl. Friedrich Nietzsche, Die fröhliche Wissenschaft, Aphorismus 125, in: Giorgio Colli – Mazzino Montinari (Hg.), Sämtliche Werke Bd. 3. Kritische Studienausgabe, München – Berlin – New York 1980, 480–482, hier: 480.

[2] Charles Taylor, Ein säkulares Zeitalter, Frankfurt a. M. 2009, 51.

[3] Hans Küng, Was ich glaube, München 2009, 140.

[4] Vgl. Karl Rahner, Von der Unbegreiflichkeit Gottes. Erfahrungen eines katholischen Theologen, hg. v. Albert Raffelt, Freiburg i. Br. 2004, 30.

[5] Johann Wolfgang von Goethe, Faust. Der Tragödie erster Teil, »Nacht«, hg. v. Florian Radvan – Anne Steiner, Berlin 2013, V. 765.

[6] Karl Jaspers, Der philosophische Glaube angesichts der Offenbarung (1962), in: Karl Jaspers Gesamtausgabe I/13, hg. v. Bernd Weidmann, Basel 2016, 95–517, hier: 97.

[7] Ebd.

[8] Tomáš Halík, Geduld mit Gott. Leidenschaft und Geduld in Zeiten des Glaubens und des Unglaubens. Freiburg i. Br. ²2011, 247.

[9] Ders., Ich will, dass du bist. Über den Gott der Liebe, Freiburg i. Br. 2015, 62.

10 Ders., Nicht ohne Hoffnung. Glaube im postoptimistischen Zeitalter, Freiburg i. Br. 2014, 10.

11 Vgl. etwa: Taylor, Ein säkulares Zeitalter (s. Anm. 2), 515f., 928, 991.

12 Hans Bokelmann, Der Mensch – ein Chamäleon. Anmerkungen zum Verhältnis von Erziehung und Würde, in: Zeitschrift für Pädagogik 46 (2000), 647–661, hier: 657.

13 Vgl. Martin Rohner, Glück und Erlösung. Konstellationen einer modernen Selbstverständigung, Münster 2004.

14 Theodor W. Adorno, Negative Dialektik (1966), in: Gesammelte Schriften Bd. 6, hg. v. Rolf Tiedemann, Darmstadt 1998, 7–412, hier: 396.

15 Walter Benjamin, Über den Begriff der Geschichte (1940), in: Abhandlungen. Gesammelte Schriften Bd. I/2, hg. v. Rolf Tiedemann, Frankfurt a. M. 1974, 691–704, hier: 693.

16 Thomas Pröpper, Evangelium und freie Vernunft. Konturen einer theologischen Hermeneutik, Freiburg i. Br. 2001, 24 (Hervorhebung im Original).

17 Vgl. Hartmut Rosa, Resonanz. Eine Soziologie der Weltbeziehung, Berlin 2016.

18 Ebd., 321 u. 750.

19 Vgl. etwa Hans Joas, Die Macht des Heiligen. Eine Alternative zur Geschichte von der Entzauberung, Berlin 2017. Zur Bedeutung der »Selbsttranszendenz« vgl. ebd., 430ff.

20 Vgl. Volker Gerhardt, Der Sinn des Sinns. Versuch über das Göttliche, München 2014; Ders., Glauben und Wissen. Ein notwendiger Zusammenhang, Stuttgart 2016.

21 Vgl. Hans Küng, Existiert Gott? Antwort auf die Gottesfrage der Neuzeit, München 1978.

22 Jürgen Habermas, Auch eine Geschichte der Philosophie. Bd. 1: Die okzidentale Konstellation von Glauben und Wissen. Bd. 2: Vernünftige Freiheit. Spuren des Diskurses über Glauben und Wissen, Berlin 2019.

23 Jürgen Habermas, Glauben und Wissen. Friedenspreis des Deutschen Buchhandels 2001, Frankfurt a. M. 2001, 22.

24 Vgl. Jürgen Habermas, Ein Bewußtsein von dem, was fehlt, in: Michael Reder – Josef Schmidt (Hg.), Ein Bewußtsein von dem, was fehlt. Eine Diskussion mit Jürgen Habermas, Frankfurt a. M. 2008, 26–36.

25 Vgl. Habermas, Auch eine Geschichte der Philosophie (s. Anm. 22) Bd. 1, 171; Bd. 2, 14 (dort auch das Zitat).

26 Ebd., Bd. 2, 589.

[27] Ebd., Bd. 1, 12.

[28] Vgl. ebd., Bd. 1, 100–109.

[29] Ebd., Bd. 1, 108 (Hervorhebung im Original).

[30] Albert Stüttgen, Die Botschaft der Dinge. Ansätze neuer ganzheitlicher Welterfahrung, München 1993, 79.

[31] Karl Jaspers, Der philosophische Glaube (1948), in: Karl Jaspers Gesamtausgabe I/12, hg. v. Bernd Weidmann, Basel 2022, 9–107, hier: 15.

[32] Bernd Weidmann, Philosophischer Glaube nach Karl Jaspers. Plädoyer für ein offenes Konzept, in: Markus Enders (Hg.), Philosophischer Glaube und christlicher Offenbarungsglaube. Das Konzept des philosophischen Glaubens bei Karl Jaspers und dessen Rezeption und Replik im christlichen Denken insbesondere bei Bernhard Welte, Nordhausen 2022, 15–42.

[33] Ebd., 17.

[34] Ebd., 19.

[35] Ebd., 20.

[36] Tomáš Halík, Der Nachmittag des Christentums. Eine Zeitansage, Freiburg i. Br. 2022, 144 f.

[37] Karl Jaspers, Grundsätze des Philosophierens. Einführung in philosophisches Leben (1942/43), in: Karl Jaspers Gesamtausgabe II/1, hg. v. Bernd Weidmann, Basel 2019.

[38] Vgl. ebd., 25–82.

[39] Vgl. Weidmann, Philosophischer Glaube nach Karl Jaspers (s. Anm. 32), 26–38.

[40] Ebd., 37.

[41] Jaspers, Grundsätze des Philosophierens (s. Anm. 37), 26.

[42] Vgl. auch Jaspers' 1961 in Basel gehaltene letzte Vorlesung: Ders., Die Chiffern der Transzendenz, hg. v. Anton Hügli – Hans Saner, Basel 2011.

[43] Vgl. Taylor, Ein säkulares Zeitalter (s. Anm. 2), 996 u. ö.

[44] Vgl. Martin Rohner, Mehr Kulturtheologie wagen?! Perspektiven des Christentums in Krisenzeiten, in: Der Prediger und Katechet 158 (2019), 831–842.

[45] Paul Tillich, Systematische Theologie III, hg. v. Christian Danz, Berlin – Boston ⁵2017, 724.

[46] Wilhelm Gräb, Glaube aus freier Einsicht. Eine Theologie der Lebensdeutung, Gütersloh 2015, 16.

[47] Vgl. Christoph Theobald, Brennendes Interesse am Alltag der Menschen, in: Ders., Hören, wer ich sein kann. Einübungen, hg. v. Reinhard Feiter – Hadwig Müller, Ostfildern 2018, 183–198.

[48] Jörg Lauster, Der ewige Protest. Reformation als Prinzip, München 2017, 90.

[49] Vgl. Martin Rohner, »… die Fragilität einer heutigen religiösen Existenz erkunden« (Christian Lehnert). Bausteine zur Hermeneutik der Glaubenssprache im säkularen Zeitalter, in: Margit Eckholt – Habib El Mallouki (Hg.), Offenbarung und Sprache. Hermeneutische und theologische Zugänge aus christlicher und islamischer Perspektive, Göttingen 2021, 203–221.

[50] Christian Lehnert, Geht uns für den Glauben die Sprache aus? Vortrag in Zürich am 23. Januar 2014, https://www.paulusakademie.ch/wp-content/uploads/2014/01/Referat-Dr.-Christian-Lehnert.pdf (Zugriff am 20.12.2022), 5.

[51] Hans-Georg Gadamer, Mythos und Vernunft (1954), in: Gesammelte Werke Bd. 8, Tübingen 1993, 163–169, hier: 169.

Hans-Joachim Höhn

Ausgeliebt? – oder: Wie Gott zu Tode geglaubt wird

Eine zeitdiagnostische Spurensuche

Christine steht kurz vor ihrem 40. Geburtstag. Seit 10 Jahren ist sie mit Bernd verheiratet, ihre Ehe ist ein Beziehungsidyll mit Haus im Grünen. Doch plötzlich gerät ihr Leben aus den Fugen. Per Telefon teilt ihr Bernd mit, dass er sich von ihr trennen will. Der Grund ist schnell benannt: Er hat sich »ausgeliebt«. – Mit dieser Szene startet die Verfilmung eines Romans von Dora Heldt.[1] Buch und Film erzählen die Geschichte einer Trennung vom Scheidungsanruf bis zum Scheidungsurteil. Tragische Momente und dramatische Wendungen kommen in dieser Geschichte zuhauf vor, werden aber ironisch-humorvoll gebrochen. Bald wird klar: Was übel anfängt, muss nicht übel enden. Wenn eine Zweierbeziehung zerbricht, kann danach ein erfülltes Singleleben beginnen. Buch und Film bedienen sich aller Klischees, die eine Story im Unterhaltungsgenre braucht. Was sie jenseits dieser Klischees theologisch der Rede wert macht, ist ihr Titel: »Ausgeliebt«. Mit diesem Wort wird das böse Ende eines guten Anfangs markiert. Mit ihm kann man sich auch einen theologischen Reim machen auf Anfang und Ende einer Beziehung von Gott und Mensch. Und ebenso taugt es für die Bestimmung theologischer Ungereimtheiten, die sich bei der Rede vom »lieben Gott« einstellen.

Dass ausgerechnet eine Glaubensverkündigung, die es gut mit dem Menschen meint und beim Sprechen von Gott die Liebe in den Mittelpunkt stellt, ein böses Ende nehmen kann, wird auf Anhieb nicht einleuchten. Aber ich riskiere die These, dass gerade an der Rede vom Entgegenkommen eines »lieben« Gottes der Glaube an Gott zugrunde gehen kann – und zwar dann, wenn Gott »ausgeliebt« und »ausgeglaubt« wurde. Anders gesagt: Man kann Gott zu Tode glauben, wenn sich dieser Glaube mit religiösem Kitsch paart und existenzielle Folgenlosigkeit nach sich zieht. Am Ende verkommt die Rede vom »lieben« Gott zur frommen Belanglosigkeit. Sie steckt voller Klischees und Banalitäten; sie macht eine vom Scheitern bedrohte Beziehung zum Inhalt eines religiösen Trivialromans.

Todbringender Glaube

Auf den ersten Blick scheinen eher die militanten Vertreter einer transzendenten Macht dazu beizutragen, dem Glauben an Gott ein Ende zu bereiten. Dass man dem als »Herr über Leben und Tod« verkündeten Gott selbst den Tod wünschen kann, ist nachvollziehbar, wenn man sieht, wie Menschen um Gottes willen in den Tod geschickt werden. Ein Glaubensfanatiker, der mit den Worten »Gott ist groß« auf den Lippen einen Sprengsatz zündet, praktiziert einen tödlichen Glauben. Es ist ein todbringender Glaube, der am Ende auch den Glauben an Gott umbringt. Denn wer will noch an diesen Gott und seine Großartigkeit glauben, wenn seine Anhänger von diesem Glauben die Lizenz zur Tötung der Anders- oder Ungläubigen ableiten?

Nicht immer muss man einen Menschen physisch umbringen, um einen tödlichen Glauben zu praktizieren. Psychisch todbringend ist spiritueller Missbrauch, der sich mit sexuellen Misshandlungen paart. Da aber jeder vernünftige Mensch zu seinen Lebzeiten etwas Besseres als den Tod finden will, muss es nicht verwundern, wenn vernünftige Menschen eine Glaubens- und Gottesnähe meiden, die sie in Todesnähe bringt. Wenn Gott und der Tod nicht auseinandergehalten werden können, dann ist es klug, sich von diesem Gottesglauben zu distanzieren und einen solchen Gott vom Menschen fernzuhalten.[2] Aber Gott wird nicht nur dort zu Tode geglaubt, wo man seine Größe preist und Menschen in seinem Namen erniedrigt. Und es sind auch nicht allein Religionskritiker, die es mit dem Fingerzeig auf spirituellen Missbrauch und religiösen Terror schaffen, dem Gottesgedanken ein Ende zu bereiten. Neben den Gottesverächtern tragen vielmehr auch die wohlmeinenden Verfechter seiner Existenz und die sanften Apologeten seiner Verehrung entscheidend zu diesem Ende bei. Auch wer es gut mit seinen Mitmenschen meint und Gott als Grund alles Guten ausgibt, kann am Ende ohne gute Gründe für das Bekenntnis zu diesem Gott dastehen.[3]

Liebe – unbedingt, bedingungslos und ambivalent

Wer mit dem Wort »Gott« etwas Gutes intendiert, beschwört die Liebe Gottes. Gottes Größe wird hier zwar auch »machtförmig« bestimmt. Aber nun soll es die Macht der Liebe sein, die seine Größe ausmacht. Es ist eine Liebe, die unbedingt und bedingungslos ist. Sie verlangt keine Vorleistungen und erhebt keine Nachforderungen. Es ist eine Liebe, die nichts vom Menschen will, aber alles für ihn übrig hat. Manche Theologen sind von dieser Vorstellung derart fasziniert, dass sie die Liebe nicht allein zum Wesensprinzip Gottes erklären, sondern ihr auch den Rang eines Erkenntnisprinzips zuweisen, das aus den Verlegenheiten, in die bisherige Erkenntniswege geraten sind, eine religiöse Tugend macht: »Der Eindruck vieler Menschen, dass sich unsere Welt ebenso gut mit Gott erklären lässt wie ohne Gott, ist ein wichtiger Bestandteil des Glaubens an die Existenz eines Gottes, der allein mit den Mitteln der Liebe für sich wirbt. Denn aus dieser Perspektive ist es überzeugend, dass Gott die epistemische Ambiguität der Schöpfung als Entfaltungsraum der Menschen so komponiert, dass sie eben nicht aus Berechnung und Intelligenz, sondern aus Liebe für ihn als Gott der Liebe optieren. Wenn Gott wirklich nur Gründe der Liebe als Motiv für die Einstimmung in seine Wirklichkeit gelten lassen will, liegt es für ihn nahe, die Schöpfung so auszustatten, dass alle anderen Motive für sich genommen nicht durchschlagend sind.«[4]

Leider wird hier nicht bedacht, ob und inwieweit auch Liebe ein von Ambiguität gekennzeichnetes Phänomen ist. Was es heißt, nur Gründe der Liebe gelten zu lassen, kann man an modernen Beziehungsidealen ablesen. Wenn »nur die Liebe zählt«, wird sie zum Maßstab der Vernunft, d. h. zur Leitgröße und zum

Sinnmuster für Wahrheit (»den/die Richtige/n finden«), für Identität und Authentizität (»die Frau/der Mann meines Lebens«) und für Erlösung (»im siebten Himmel«). Hier gilt auch die Gleichsetzung von Liebe und Allmacht, d. h. ihr wird Macht über alles gegeben. Diese Macht gibt der Liebe immer Recht und schafft ihr ein eigenes Recht. Dieses Recht besteht darin, eine Beziehung so auszustatten, dass alle anderen Motive für ein Miteinander nicht mehr zählen. Mit welchen Gründen soll man einem Menschen untersagen, einen Geliebten um eines anderen willen zu verlassen, sofern sich dieser als »die große Liebe« erweist? Das Recht der Liebe kennt keine Satzung, kein Verfahren, das einzuhalten ist. Wem auf diese Weise Gemeinsamkeit und Gemeinschaft aufgekündigt werden, der kann nicht Revision einlegen und ist der Kündigung ohnmächtig ausgesetzt. Das Kriterium der Aufkündigung muss zudem nicht beidseitig erfüllt sein. Es genügt, dass einer sagt: »Ich liebe dich nicht mehr – aber dafür eine/n andere/n.« Damit ist er zwar ehrlich und aufrichtig, wenn er zu seinen Gefühlen steht. Wo aber das Recht der Liebe an Gefühle geheftet wird, tritt Rechtlosigkeit ein, wenn die Gefühle schwinden oder den Adressaten wechseln.

Wenn die Liebe nicht Treue und Verlässlichkeit, Solidarität und Gerechtigkeit als zu ihr selbst zugehörig (an)erkennt, sollte man ihre Macht mit Fragezeichen versehen. Es ist Ausdruck theologischen Leichtsinns, wenn die Theologie das Gott-Welt-Verhältnis mit der Kategorie »Liebe« beschreibt und sich dabei allein auf deren emotionale Anziehungs- und kognitive Assoziationskraft verlässt. Auch als Erkenntnismedium ist sie ambivalent: Liebe öffnet die Augen und macht sehend (»*amor dat oculos*«), aber Liebe macht auch blind.

Wenn man die Liebe für ein Gottesprädikat hält – ebenso wie Allmacht –, sollte man nicht die Regeln analoger Gottesrede missachten und dabei die »*via negativa*« nicht auslassen: Was immer von Gott ausgesagt wird, unterscheidet sich von dem, was vom »gottebenbildlichen« Menschen ausgesagt werden kann. Andernfalls drängt sich der Vorwurf der Menschenebenbildlichkeit Gottes auf. Es ist daher stets der je größere Unterschied zwischen Gott und Mensch zur Geltung zu bringen. Dieser Unterschied besteht nicht in der Maximierung einer menschlichen Eigenschaft, sondern in der Anerkennung, dass diese Eigenschaft Gott ganz anders zukommt.[5] Von dieser Alterität ist in zahlreichen Beteuerungen der Liebe Gottes zum Menschen meist nichts zu vernehmen.

Viele theologische Publikationen der letzten Jahre sind neben der emphatischen Betonung der Liebe Gottes geprägt vom Tenor der Güte und Barmherzigkeit Gottes.[6] Diese Akzentuierungen sind zweifellos berechtigt, um Engführungen und Verzerrungen einer rigiden Moralpädagogik und eines angstbesetzten Gottesverständnisses zu überwinden und um die Zwänge eines religiösen Leistungsdenkens aufzubrechen. Aber sie haben damit nicht die Akzeptanz der christlichen Gottesrede steigern können, sondern die Gleichgültigkeit ihr gegenüber vermehrt. Ein lieber Gott ist ein Gott, der viel (an)bietet, aber nichts verlangt. Man muss keine Normen erfüllen, um seine Gunst zu erringen. Vor ihm darf man so sein, wie man ist, und Gott sagt: Gut so!

Dass man sich in christlichen Kreisen darüber wundert, dass diese »frohe« Botschaft lediglich Indifferenz auslöst, ist selbst verwunderlich. Denn diese Kreise übersehen das Naheliegende: Die Nachricht, dass man ohne besondere Anstrengungen und Leistungen so sein darf, wie man ist, erzeugt bei ihren Adressaten den Eindruck der Redundanz. Sein können, wie man ist, kann man auch ohne diese Zusicherung. Folglich ist sie entbehrlich, verzichtbar, überflüssig.

Gottes Menschenliebe – ein Kompensationsmythos?

Nicht minder prekär ist es, wenn von den Befürwortern dieser Gottesrede gleichwohl Bedarf für die Liebe Gottes reklamiert wird. Denn nun gerät sie unter den Verdacht, dass dahinter nichts anderes steht als ein menschliches Bedürfnis der Selbstaffirmation, das in der modernen Leistungsgesellschaft verstärkt, aber von ihr nicht erfüllt wird. Diese Gesellschaft verlangt von ihren Mitgliedern, sich wertschöpfend im Wirtschaftskreislauf zu bewähren. Belohnt wird das Erreichen vorgegebener *benchmarks* mit ökonomischen Annehmlichkeiten. Alle Menschen finden Akzeptanz, wenn sie Akzeptables vorzuweisen haben. Ihre Wertschätzung hängt somit ab von den Wertschöpfungsketten, deren Glieder sie sind. Schlecht dran ist, wer nichts Verwertbares zustande bringt. Die Annahme und den Respekt eines Menschen allem Unannehmbaren und Wertlosen seines Tuns zum Trotz zu verlangen, wird in diesem Kontext zu einer inakzeptablen Forderung.

Aber kein Mensch kann existieren, wo ein Kalkül von Zweck und Nutzen, von Umsatz und Rendite alles bestimmt und es keine Orte zweckfreier Anerkennung gibt. Als ein solcher Zufluchtsort erscheint der Glaube an Gott. In diesem Kontext begegnet Gott als jene Größe, von der eine unüberbietbare Bestätigung eingeholt werden kann, dass der Mensch sein darf, wie er ist – ohne Wenn und Aber. Was ihm eine säkulare Logik von Aufwand und Ertrag vorenthält, wird ihm in einer religiösen Logik von Gnade und Wohlwollen gewährt: die Bestätigung des Selbsteinkönnens unabhängig von allen Leistungserwartungen – auch von Seiten Gottes. Er mag nichts zustande bringen, aber dies verhindert nicht, dass Gott zu ihm steht.

So wichtig dieser theologische Einspruch zur universellen Anwendung des Leistungsprinzips ist,[7] so prekär sind seine Folgen, wenn nur dieser Einspruch formuliert wird. Er handelt sich umgehend den Vorwurf ein: Hier avanciert Gott kompensatorisch zu jener Größe, vor der der Mensch sein darf, wie er ist, auch wenn er nichts zu leisten vermag. Überdies handelt es sich um einen folgenlosen Kompensationsversuch. Denn viele Zeitgenossen schließen daraus, dass sie die Bestätigung ihres Selbst- und Soseins einfach »so stehen lassen« können. Dieser göttliche Beistand bedarf ja ihres eigenen Zutuns nicht. Was ohne eigenes Zutun besteht, darum müssen sie sich nicht kümmern. Sie haben kein schlechtes Gewissen dabei, wenn sie die Rede vom lieben Gott passiv lässt und bei ihnen nichts auslöst. Es macht ihnen nichts aus, diese Rede ganz unbekümmert zu überhören. Dies bekümmert gleichwohl die Zeugen dieses »lieben« Gottes. Sie sind aufrichtig davon überzeugt, dass es ihr Auftrag ist, den »lieben«, »gütigen« und »barmherzigen« Gott immer wieder zur Sprache zu bringen und auf eine Antwort der Angesprochenen zu hoffen. Bei jeder passenden Gelegenheit bezeugen sie aufrichtig ihre Überzeugung und ihre Hoffnung. Aber ihre Aufrichtigkeit schlägt um in Aufdringlichkeit. Die Penetranz, mit der sie Gott lieb, gütig und barmherzig sein lassen, macht sie zu religiösen Stalkern.

Kein vernünftiger Mensch kann etwas gegen Liebe, Güte und Barmherzigkeit haben – wohl aber dagegen, dass Menschen damit gestalkt werden. Wer will es den Genervten unter den mit Liebe Bedrängten verdenken, dass sie den »Gottes-Stalkern« aus dem Weg gehen? Sind sie nicht im Recht, wenn sie sich die Ohren verstopfen? Soll die religiöse Lärmbelästigung erst in einem Hörsturz enden? Sollte in einer säkularen Gesellschaft nicht auch einmal Ruhe einkehren? Hat man jemals darüber nachgedacht, dass auch Gott dieses Gerede nicht mehr mit anhören möchte?

> Du willst vielleicht gar nicht, daß von Dir die Rede sei
> Einmal nährtest Du Dich von Fleisch und Blut
> Einmal vom Lobspruch. Einmal vom Gesang
> der Räder. Aber jetzt vom Schweigen.[8]

Die gottbeflissenen Wortführer wollen jedoch keinen Ruhetag einlegen. Sie schmerzt es zwar, dass das so gut Gemeinte so schlecht ankommt. Aber sie vermeiden ihrerseits eine kritische Selbstbefragung. Sie stellen sich nicht dem Verdacht, dass sie die religiöse Dublette eines romantisch-kitschigen Liebesideals vertreten. Sie meiden die Debatte darüber, ob Gott nur deswegen und solange als »lieb« gilt, wie er das Bedürfnis des Menschen nach Selbstvergewisserung und Selbstbestätigung bedient.[9] Ihnen ist das Dilemma nicht bewusst, in das die Rede von Gottes unbedingter Zuwendung führt: Zu keiner Zeit war sie aktueller, um den Menschen zu sagen, »daß sie mehr sind als Übergangsgebilde im Stoffwechselhaushalt der Natur, daß sie zu schade sind, um sich als Konsumenten und als Produzenten im Wirtschaftskreislauf dubioser Kapitalverwerter zu verschleißen.«[10] Zugleich stand sie zu keiner Zeit mehr unter dem Verdacht, Zulieferer eines Kompensationsmythos zu werden, der Defizite zwischenmenschlicher Anerkennung ausgleichen soll.

Pandemische Irritationen

Von den Adressaten einer »liebevollen« Gottesrede wird erwartet, dass sie angesichts dessen, was in ihrem Leben ohne Wenn und Aber inakzeptabel ist, dennoch eine Bejahung ihres Lebens von Seiten Gottes anzunehmen bereit sind. Die Umstände dieser Rede von Gott dementieren jedoch häufig, was über ihn gesagt wird. Gegen dieses Dementi, das von Erfahrungen der Gottes- und Menschenverlassenheit ausgeht, muss umso entschlossener »angeglaubt« werden, je mehr es den Glauben aushebelt. Aber diese Entschlossenheit beweist nur den Willen zum Glauben, nicht jedoch die Realität des Geglaubten. Muss man – wenn nicht an Gott, so doch am Glauben an ihn – nicht irre werden, wenn unbeirrt von den Zeugnissen der Gottes- und Menschenverlassenheit die Rede von einem menschenfreundlichen Gott unverdrossen fortgesetzt wird?

Die Corona-Pandemie hat diese Verlegenheit drastisch vor Augen geführt. Mit der naiven Rede von einem »lieben« Gott, der dem Menschen auch in der Krise nahe ist, unterlegt man Leidbewältigungsfloskeln, die nur schwachen theologischen Trost spenden. Hier wird weder dem Leiden ein Sinn abgerungen noch wird erklärt, woran man die Nähe Gottes erkennt und was sie bewirkt. Zwar stößt man gelegentlich auf vermeintlich biblisch fundierte Deutungsofferten, die darin eine neue ägyptische Plage, eine Ergebenheitsprüfung à la Abraham oder einen Bußaufruf an eine sündige Welt erkennen wollen. Derartige Versuche wurden jedoch umgehend von vielen Kanzeln und Kathedern dementiert: Nein, Gott sitzt nicht am Regiepult der Weltgeschichte und ist dabei auf den Einfall gekommen, den Menschen in eine Notlage zu bringen, die ihn wieder beten lehrt. Auf eine solche Idee würde der grundgütige Gott niemals verfallen. Stattdessen wird versichert: Der gute und barmherzige Gott will nur Gutes. Er steht uns immer bei – in guten wie in schlechten Zeiten. Aber gibt diese Versicherung tatsächlich Halt und Trost? Trägt ein solches Gottvertrauen? Oder hat man schwer an ihm zu tragen? Die theologische Ratlosigkeit, wie angesichts der offenkundigen innerweltlichen Tatenlosigkeit Gottes noch von seiner unbedingten Zuwendung zum Menschen die Rede sein kann, wird mit der trotzigen Beschwörung der Nähe Gottes nicht überwunden, sondern gesteigert.[11] Wie hilfreich ist die Versicherung, man könne auch im Leid nicht tiefer fallen als in die Hände Gottes?

> *Von Fall zu Fall*
> Herrgott! Ich fiel aus deiner Hand
> grad in des Teufels Krallen.
> Doch hör! Der kleine Unterschied
> ist mir nicht aufgefallen.[12]

Wer in eine existenzielle Krise gerät, hat das eigene Leben nicht mehr im Griff. Ob nun Gott oder der Teufel Hand anlegen an dieses Leben, kann zur müßigen Frage werden. Ändert sich etwas am Leiden, wenn man glauben soll, dass der »liebe« Gott seine Hand im Spiel hat? Müsste die Rede von der Liebe Gottes nicht auch dissonante und widerstreitende Erfahrungen des Menschen integrieren können, um sowohl der Abgründigkeit Gottes als auch der Abgründigkeit des Leidens gerecht zu werden?

Im Leiden zeigt sich, wie tragfähig religiöse Zusicherungen sind. Wo sie nicht zurückgenommen werden müssen, steht zumindest eine nachträgliche Klärung an: Die Rede von Gottes Liebe und Zuwendung meint nicht, dass dem Menschen erspart

bleibt, in seinem Leben die Erfahrung von Einsamkeit und Ab-
lehnung zu machen. Wer dies verschweigt, erweist dem Glauben
einen Bärendienst. Der Glaube an Gott gerät in höchste Be-
drängnis, wenn er Halt sucht in einer Behauptung, die sich in
guten Tagen als vertretbar, in schlechten Tagen aber eher als
unhaltbar erweist.

Gott und Mensch – eine Fernbeziehung?

HANS-JOACHIM HÖHN

Der Theologie sind in der Pandemie die Worte und Argumente
ausgegangen, um Gottes Absichten hinter Ereignissen zu erkennen, die sich in der Welt ereignen. Sie muss endlich eine
Lektion ernstnehmen, vor der sie immer wieder ausweicht:
Wer heute von Gott reden will, steht vor der Herausforderung,
Gott mit einer Welt zusammenzudenken, die ohne ihn gedacht
werden kann. Wer in der Moderne Gott zur Sprache bringen
will, muss sich rückhaltlos auf die Autonomie und Säkularität
von Mensch und Welt einlassen.[13] Und das heißt: Was in der
Welt geschieht, ist aus der Welt zu erklären. Für die Beseiti-
gung innerweltlicher Ungereimtheiten ist Gott die falsche Ad-
resse. Gott hilft uns nicht aus Verlegenheiten heraus, in die wir
in dieser Welt geraten.

Das Verstummen angesichts der Frage, wie angesichts des
einsamen Sterbens zahlloser Coronapatienten auf den Intensiv-
stationen noch von Gottes unbedingter Zuwendung zum Menschen gesprochen werden kann, erweist sich als theologischer
Offenbarungseid. Jetzt wird offenkundig: Alle Versuche, in der
Pandemie mehr zu sehen als ein Übel, für dessen Verbreitung
der Mensch verantwortlich ist, gehen zu weit. Sie ist nicht eine
Naturkatastrophe, die wie ein Tsunami, ein Erdbeben oder ein

Vulkanausbruch über die Menschheit gekommen ist. Sie ist kein »*malum physicum*«, sondern ein »*malum sociale*«: Das Virus wird von Mensch zu Mensch übertragen. Seine Verbreitung wäre kaum so rasch erfolgt, gäbe es nicht eine globalisierte Ökonomie und einen internationalen Tourismus. Ebenso wenig spricht etwas dafür, die Pandemie als Offenbarung göttlichen Unmuts über die Gottvergessenheit der Moderne zu deuten. Das Virus kommt als Überbringer einer göttlichen Botschaft nicht in Betracht.

Es ist vielmehr an der Zeit, an die Einsichten einer »*theologia negativa*« zu erinnern: Wir können nicht von einer Beziehung zwischen Gott und Welt reden, ohne die stets größere Verschiedenheit von Gott und Welt zur Sprache zu bringen. In allem, was wir sind und tun, mögen wir uns auf Gott ausrichten, aber wir können uns in dieser Welt nicht so einrichten, dass Gott selbst zu einem Bestandteil dieser Einrichtung wird. Er nimmt uns nichts ab, was wir selbst zu bewerkstelligen haben. Er bewirkt nichts, was Menschenwerk ersetzt – auch nicht die Eindämmung einer Pandemie. Die einprägsamste Formel einer modernen »*theologia negativa*« hat Dietrich Bonhoeffer gefunden: »Wir können nicht redlich sein, ohne zu erkennen, daß wir in der Welt leben müssen – ›etsi deus non daretur‹. Und eben dies erkennen wir – vor Gott! (…) Gott gibt uns zu wissen, daß wir leben müssen als solche, die mit dem Leben ohne Gott fertig werden (…). Der Gott, der uns in der Welt leben läßt ohne die Arbeitshypothese Gott, ist der Gott, vor dem wir dauernd stehen.«[14]

Diese Auskunft erscheint auf den ersten Blick recht trostlos. Anscheinend bestätigt sie die Erfahrung einer zerrütteten Gott-Mensch-Beziehung. Sie konstatiert scheinbar eine epochale Gottverlassenheit. Zugleich dementiert sie den Gedanken einer

Gott los gewordenen Moderne und setzt dagegen: Wir leben im Horizont Gottes – also *ohne* Gott, aber *vor* Gott. Gott ist nicht Bestandteil des Lebens, sondern in den Umständen dieses Lebens zu suchen. Gott ist die letzte Umstandsbestimmung menschlichen Daseins. Angedeutet wird dies von Bonhoeffer mit den Präpositionen »vor« – »ohne« – »mit«. Ein Leben *vor* Gott erspart uns nicht, in der Welt *ohne* ihn zu leben, nicht auf ihn zugreifen zu können oder vergeblich mit seinem Eingreifen zu rechnen. *Mit* Gott stehen wir in einer Fernbeziehung.

Bonhoeffers Umstandsbestimmung menschlichen Daseins kann in Coronazeiten zum Ausgangspunkt einer neuen Buchstabierung des Gott-Mensch-Verhältnisses werden. Sich einer Gottesbeziehung zu vergewissern, heißt dann, Gott als den weitesten Horizont eines Menschenlebens zu erkennen. Zur Veranschaulichung dieser Metapher mag ein nautisches Experiment beitragen: Wer am Meeresufer steht, kann den Blick ins Weite schweifen lassen. In der Ferne zeichnet sich die Horizontlinie ab. Wendet man den Blick auf den Bereich zwischen Strand und Horizont, stellt man fest, dass *vor* dem Horizont alles ist, was für einen Menschen real präsent ist. Ob jenseits des Horizontes etwas ist, lässt sich nicht sagen. Um es zu überprüfen, müsste man sich dahin bewegen, wo jeweils die Horizontlinie verläuft. Aber je weiter man auf sie zugeht, umso mehr weicht diese Linie zurück. Das Jenseits des Horizontes bleibt dabei der Bereich dessen, wo für den Menschen nichts ist. Der Horizont selbst ist weder nichts noch etwas Endliches. Vielmehr (unter)scheidet er zwischen dem, was nichts und etwas ist. Zwar markiert er eine unerreichbare Grenze. Aber er konstituiert gerade dadurch einen Raum, in den der Mensch ungehindert vordringen und in dem er frei navigieren kann. Er erlaubt Orientierung auf offener See, gibt aber weder Kurs noch Richtungswechsel vor. Als solchermaßen den Frei-Raum menschlichen Daseins und Handelns konstituierend ist der Horizont nie selbst im Raum. Aber er macht räumliches Orientieren möglich. Dies ist auch die Weise, wie man *mit* ihm zu tun hat. Für alles, was der Mensch an Bord ein- und ausräumt, ist der Horizont jedoch unerheblich. Hier geht alles auch *ohne* ihn.

Es gehört zu den theologischen Zumutungen der Corona-pandemie, dass sich viele religiöse Hoffnungen zerschlagen, die sich auf die Erfüllung von Bittgebeten oder auf ein wirkmächtiges Eingreifen Gottes in die Geschichte richten. Es mag sogar sein, dass manche Zeitgenossen längst geschriebene Nachrufe auf die Existenz Gottes wieder hervorholen. Aber ebenso ist es möglich, dass jetzt die Verfechter wie die Verächter eines Gottesglaubens über solche Texte noch einmal nachdenken müssen. Das gilt auch für einen Kernsatz Friedrich Nietzsches über den »totgeglaubten« Gott, in dem ebenfalls die Horizont-Metapher begegnet: »In der Tat, wir Philosophen und ›freien Geister‹ fühlen uns bei der Nachricht, daß der ›alte Gott tot‹ ist, wie von einer neuen Morgenröte angestrahlt; unser Herz strömt dabei über von Dankbarkeit, Erstaunen, Ahnung, Erwartung – endlich erscheint uns der Horizont wieder frei, gesetzt selbst, daß er nicht hell ist, endlich dürfen unsre Schiffe wieder auslaufen, auf jede Gefahr hin auslaufen, jedes Wagnis des Erkennenden ist wieder erlaubt, das Meer, unser Meer liegt wieder offen da, vielleicht gab es noch niemals ein so ›offnes Meer‹.«[15] Es ist nicht zwingend, sich auf diesen Text nur einen atheistischen Reim zu machen. Wo die alten frommen Klischees und kitschigen Gottesbilder weggeräumt wurden, stehen sie nicht mehr zwischen Gott und Mensch. Der Blick ist frei und geht wieder bis zum Horizont. In dieser Blickrichtung kann neu aufgehen, was eine Gott-Mensch-Beziehung ausmacht.

Anmerkungen

[1] Dora Heldt, Ausgeliebt. Roman, München 2007.

[2] Vgl. zu diesem Komplex auch Andreas Stahl, »Wo warst du, Gott?« Glaube nach Gewalterfahrungen, Freiburg i. Br. 2022.

[3] Vgl. Hans-Joachim Höhn, Der »totgeglaubte« Gott. Provokationen des »neuen« Atheismus. Theologie im Format der Bestreitung, in: Julia Knop (Hg.), Die Gottesfrage zwischen Umbruch und Abbruch. Theologie und Pastoral unter säkularen Bedingungen, Freiburg i. Br. 2019, 306–324.

[4] Klaus von Stosch, Die Frage nach Gott offenhalten, in: Johanna Rahner – Thomas Söding (Hg.), Kirche und Welt – ein notwendiger Dialog. Stimmen katholischer Theologie, Freiburg i. Br. 2019, 45–56, hier: 49. Eine differenzierte Deutung des exegetischen Befundes wird angemahnt von Thomas Johann Bauer, Abseits von Güte und Liebe. Dunkle und erschreckende Züge neutestamentlicher Gottesbilder, in: Theologie der Gegenwart 63 (2020), 263–279.

[5] Vgl. hierzu Hans-Joachim Höhn, Viae/Wege der Gottesrede, in: Cornelia Dockter – Martin Dürnberger – Aaron Langenfeld (Hg.), Theologische Grundbegriffe. Ein Handbuch, Paderborn 2021, 171–172.

[6] Vgl. exemplarisch Walter Kasper, Barmherzigkeit. Grundbegriff des Evangeliums – Schlüssel christlichen Lebens, Freiburg i. Br. ²2019.

[7] Vgl. Manfred Böhm – Ottmar Fuchs, Würde statt Verwertung in der Arbeitswelt, Würzburg 2022.

[8] Marie Luise Kaschnitz, Dein Schweigen – meine Stimme. Neue Gedichte, Hamburg 1962, 12.

[9] Zur näheren Bestimmung eines modernisierungsbedingten Bedürfnisses der Selbstaffirmation vgl. Carlo Strenger, Die Angst vor der Bedeutungslosigkeit. Das Leben in der globalisierten Welt sinnvoll gestalten, Gießen 2016.

[10] Eugen Drewermann, Wendepunkte oder: Was eigentlich besagt das Christentum?, Ostfildern 2014, 9.

[11] Zum Ganzen vgl. auch Magnus Striet, Gott und das Virus, in: ET-Studies 12 (2021), 17–26; Joachim Negel, Das Virus und der Liebe Gott. Unzeitgemäße Betrachtungen, Freiburg – Basel – Wien 2022; Joachim Werz (Hg.), Gottesrede in Epidemien. Theologie und Kirche in der Krise, Münster 2021; Jörg. Ernesti – Martin M. Lintner – Markus Moling (Hg.), Die Corona-Krise. Strafe Gottes oder Chance?, Brixen

– Innsbruck 2021; Martin Breul, Handelt Gott in der Pandemie?, in: Geist und Leben 94 (2020), 378–386.

[12] Robert Gernhardt, Später Spagat, Frankfurt a. M. 2006, 19.

[13] Vgl. hierzu ausführlicher Hans-Joachim Höhn, Der fremde Gott. Glaube in postsäkularer Kultur, Würzburg 2008.

[14] Dietrich Bonhoeffer, Widerstand und Ergebung. Briefe und Aufzeichnungen aus der Haft, Werke Bd. 8, Gütersloh 2015, 533f.

[15] Friedrich Nietzsche, Die fröhliche Wissenschaft, Aphorismus 343, in: Giorgio Colli – Mazzino Montinari (Hg.), Sämtliche Werke Bd. 3. Kritische Studienausgabe, München – Berlin – New York 1980, hier: 574.

Stefan Walser

Warum wir nicht über Gott predigen sollten

Eine theologisch-homiletische Spurensuche

Kam Jesus vor?

Predigtevaluationen sind eine heikle Angelegenheit. Im Nachgespräch auf dem Kirchplatz ebenso wie im homiletischen Seminar fällt es schwer, objektive Kriterien für eine gelungene Verkündigung anzugeben. Ist es nicht sehr subjektiv und situativ, ob ein Predigtwort bewegt und zu denken gibt? Kommt es nicht auf die Atmosphäre, auf Zwischentöne, auf Sympathie, auf die nonverbalen Signale der Predigerin oder des Predigers – und vor allem auf die Bereitschaft und Offenheit der Hörenden an? Ist es nicht zuerst und zuletzt die Sache des Heiligen Geistes, den manchmal langen Weg zwischen dem Mund der Predigerin bzw. des Predigers und dem Ohr der Hörerinnen und Hörer zu überbrücken?

Von Franz Kamphaus, der in den 70er Jahren in Münster Homiletik dozierte, wird erzählt, dass er in seinen vielen Predigtseminaren häufig eine sehr basale Evaluationsfrage an eine Predigt anlegte: »Kam Jesus vor?« Worauf er mit dieser provozierenden Frage anspielte, ist wohl auf Anhieb klar. Nicht selten werden in Predigten rhetorisch mehr oder weniger gelungene Verbalisierungen von allgemein-menschlichen Erfahrungen dargeboten, von alltäglichen Begebenheiten, von näheren und ferneren Lebenswelten, von der Schönheit der Natur, vom Wert der Freundschaft, vom Ideal der Solidarität etc. Die Kernaufgabe christlicher Verkündigung aber ist es, von Jesus Christus zu sprechen. So jedenfalls möchte ich die Frage »Kam Jesus vor?« verstanden wissen – und sogleich eine Gegenthese formulieren: Eine Predigt, in der Jesus »vorkommt«, ist noch lange kein hinreichender Indikator für ein gelungenes Verkündigungsgeschehen. Die Gefahr einer trivialen Verkündigung *ohne* expliziten Rekurs auf Jesus Christus ist wohl nicht größer als die Gefahr einer trivialen Verkündigung *mit* Jesus und seinem lieben Gott.[1] Vielmehr führt die zugespitzte Frage »Kam Jesus vor?« – die ich hier ausweiten möchte auf die Frage »Kam Gott vor?« – mitten hinein in die Herausforderungen der Gott-Rede in nachmoderner Zeit. Wie allgemeinverständlich, allgemeingültig von Gott reden, wenn er doch offenbar an Selbstverständlichkeit verloren hat, wenn die Auffassungen über ihn und die Erfahrungen mit ihm so unterschiedlich sind und wenn er im Alltag so vieler Menschen schlichtweg fehlt?

Warum Gott fehlt

Ein schnelles Urteilen über das Fehlen eines nominellen Gottesbezugs in der Verkündigung wird der Situation nicht gerecht. Dass Gott in der Predigt (vermeintlich) fehlt, kann vielfältige Ursachen haben. Es mag daran liegen, dass der Verkündiger des Wortes gerade selbst so sehr mit den eigenen Glaubensabgründen befasst ist, dass ihm der Gottesname nur zögerlich über die Lippen kommt.[2] Es kann auch mit einer bewussten Zurückhaltung der Predigerin zu tun haben, weil sie den Mund nicht »zu voll« nehmen möchte angesichts einer himmelschreiend-leidvollen Situation. Es kann damit zu tun haben, dass es zu kühn und am Ende auch zu einfach wäre, Gott als einen *Deus ex machina* zu bemühen, der einspringt, wenn einem buchstäblich sonst nichts mehr einfällt. Es mag je nach Verkündigungssituation auch daran liegen, dass das Wort »Gott« nicht vorkommt, weil die zu direkte, zu vollmundige Rede von Gott bei einer agnostisch oder atheistisch »durchmischten« Hörerschaft unverständlich und gewissermaßen kontraproduktiv wäre.[3] Es gibt viele gute oder auch nur gut gemeinte Gründe, den Namen Gottes mit Vorsicht auszusprechen. Und es mag nicht selten vorkommen, dass Gott deshalb nicht zur Sprache kommen kann, weil die Verkündigung zu sehr bei der Tagespolitik hängen bleibt und nur oberflächliche Assoziationsketten zum Wort Gottes herzustellen wagt. Schließlich entsteht nicht selten der Eindruck, dass lokales Gemeindegeschehen und aktuelle »Kirchenthemen« so sehr zum Predigtinhalt werden, dass nicht mehr recht durchscheint, was die tiefere Daseinsberechtigung der Gemeinschaft der Glaubenden ist. Kam Jesus vor? Kam Gott vor?

All diese Erklärungsversuche, warum Gott in der Verkündigung vermeintlich »fehlt«, sind unvollständig und noch sehr undifferenziert. Sie sind nicht zufriedenstellend, weil ja noch gar nicht gesagt ist, wann und wie Gott im Idealfall »ins Wort« kommt – und wann er tatsächlich fehlt. Eines aber zeichnet sich ab: Es ist leichter, über alles »Mögliche« zu predigen, als über die unfassbare Wirklichkeit, die in dem Wort »Gott« gehütet wird.

Das Wort »Gott« und das Wort Gottes

STEFAN WALSER

Karl Rahners bis heute bedenkenswerte *Meditation über das Wort »Gott«* beginnt mit der nüchternen Feststellung, dass das Wort »Gott« vorkommt. Es fehlt in keiner Sprache. Aber, so Rahner, »man muss anderswoher wissen, was oder wer damit gemeint ist. (…) Es sagt nichts über das Gemeinte, und es kann auch nicht einfach wie ein Zeigefinger fungieren, der auf ein unmittelbar außerhalb des Wortes Begegnendes hinweist und darum selbst nichts darüber sagen muß.«[4] Rahner spricht von der »schrecklichen Konturlosigkeit« des Wortes »Gott«. Es scheint »als ob dieses Wort uns anblicke wie ein erblindetes Antlitz«[5]. Die Beobachtung Rahners mag Predigerinnen und Prediger in ihrem Bemühen, Gott zur Sprache zu bringen, herausfordern – oder auch entlasten. Denn Gott ist nie selbstverständlich. Über ihn zu reden, »funktioniert« nicht wie Sprache sonst funktioniert. Man muss anderswoher wissen, was »Gott« meint; man muss dieses an sich konturlose Wort vernetzen und verknüpfen in einem menschlichen Sinnfeld von Erfahrungen und Geschichten. Genau darin liegt die gesteigerte Herausforderung der gegenwärtigen Homiletik. Zusätzlich zur »deiktischen« Schwäche, dass das Wort »Gott« nicht wie ein Zeigefinger auf die gegenständliche Wirklichkeit verweist, wird das Netz der religiösen Erfahrungsräume dünner, uneindeutiger, fraglicher – und man kann als Prediger nicht länger darauf bauen, dass die Zuhörenden die formelhaften Sätze und die bildhaften Andeutungen schon verstehen und sagen: Wir wissen ja, wovon du redest, wenn du »Gott« sagst …

Kann es sein, dass Gott sich derart abhängig macht von unserer menschlichen Ausdruckskraft und Auffassungsgabe? Braucht es nicht einfach mehr Vertrauen, dass das Wort sich seinen Weg sucht? Vielleicht darf man die Frage auch theologisch umdrehen: Nicht das Wort »Gott« muss am Anfang der homiletischen Überlegungen stehen, sondern das »Wort Gottes«. Martin Luther macht diese Sichtweise stark. Sein Prinzip *sola scriptura* rückt das Wort Gottes in die Mitte – nicht das Wort oder den Buchstaben, sondern das gesprochene, lebendige Wort des Evangeliums (*viva vox*). »Das Evangelium will nicht allein geschrieben, sondern vielmehr mit leiblicher Stimme gepredigt sein.«[6] Hier liegt der Ursprung für die enormen Bedeutung des Verkündigungs*geschehens* in der Geschichte der protestantischen Theologie. Das Wort Gottes, das uns in der Heiligen Schrift gegeben ist, wirkt performativ: Es schafft die Wirklichkeit von göttlicher Gegenwart, von Glauben, von Sündenvergebung, von Heil. Durch das Wort der Predigt wird das Wort Gottes vernehmbar, greifbar und wirkmächtig. In der Spur des Pietismus betont Wilhelm Herrmann das Hören auf das verkündete Wort Gottes als ein existentielles »Erlebnis« des Individuums. Dessen Schüler Rudolf Bultmann verlagert das Wirken des göttlichen Wortes noch radikaler in den menschlichen Sprechakt der Verkündigung. In der konkreten menschlichen (An-)Rede – im Kerygma, wie Bultmann sagt – wird das Wort Gottes je neu aktuell und lebendig. Verkündigung und Offenbarung sind zuletzt ein und dasselbe Geschehen, denn in der Predigt wird Christus vergegenwärtigt.[7] Diese theologische Tradition setzt sich fort bis zur jüngsten Auflage der *Einführung in die Homiletik* von Wilfried Engemann aus dem Jahr 2020, wo es heißt: »Predigt ist Ausdruck der Gegenwart Gottes.«[8] Und er fügt einen Satz an, der für unsere Fragerichtung höchst bemerkenswert ist: »Gott ist immer im ›Spiel‹, auch und vielleicht gerade dann, wenn nicht über Gott gesprochen wird.«[9]

Auch wenn die bedingungslose Hochschätzung der Predigt und der geradezu sakramentale Glaube an die Wirkmächtigkeit des Wortes Gottes einen hohen Erwartungsdruck aufbaut und hinter die skizzierte nachmoderne Verkündigungssituation eines fehlenden, »konturlosen« Gottes zurückzufallen scheint, gilt es, aus dieser protestantischen Tradition zu lernen. Das Kriterium einer »gelungenen« Predigt kann nicht darin liegen, wie häufig und wie explizit »Gott« vorkommt, sondern ob die Verkündigung am Wort Gottes Maß nimmt und es lebendig werden lässt. Dieses überlieferte Wort des Evangeliums gilt es nicht zu erklären, sondern geschehen zu lassen. Es geht also nicht darum, Gott herbeizuzitieren, ihn zu begründen, »anzudemonstrieren«, sondern dem Wort Gottes durch das Wort von Menschen Ausdruck zu verleihen.

Unverfügbares Wort

Auf das Wort Gottes kommt es an. Wer hat es und wer kann es sagen? Kein Prediger, so formuliert einmal Paul Tillich, »soll mehr für sich in Anspruch nehmen als die Absicht, in seiner Predigt ›das Wort‹ sprechen zu wollen. Er soll niemals den

Anspruch erheben, ›das Wort‹ gesprochen zu haben oder es in Zukunft sprechen zu können; denn, da er keine Macht hat über die ›Offenbarungskonstellation‹, hat er auch nicht die Macht, ›das Wort‹ zu predigen. Es kann sein, daß er bloße Worte spricht, obwohl sie theologisch korrekt sein können. Und es kann sein, daß er das Wort spricht, obwohl seine Formulierungen theologisch unkorrekt sind.«[10] Tillich betont die Unverfügbarkeit des Verkündigungsgeschehen. Unverfügbar ist nicht so sehr die Intention, der Wunsch, die aufmerksame Vorbereitung, die Haltung des Predigers oder der Predigerin, Gottes Wort ins Wort zu bringen. Doch entzieht sich die Verkündigung des Wortes Gottes den Kriterien von menschlicher Kalkulierbarkeit, Machbarkeit und Überprüfbarkeit. Dies entlastet das Verkündigungsgeschehen mehr als es erschwert. Und es warnt davor, die meist monologische und hierarchische Redesituation vor stummen Hörerinnen und Hörern auszunutzen und etwas anderes zu intendieren, als das Wort Gottes frei zu geben. Die einseitige Vorstellung, die Gemeinde durch die Homilie im Glauben zu unterweisen und ihr den Glauben zu bringen, entspricht ohnehin nicht mehr den heutigen Vorstellungen von gelungener Glaubenskommunikation. »Predigten zu halten und sie zu hören«, so wiederum Engemann, »resultiert in starkem Maße aus dem Bedürfnis, sich den Glauben, den man ›hat‹ und mit dem man im Alltag unterwegs ist, in einem Gottesdienst neu aneignen zu können.«[11]

Papst Franziskus schlägt im Apostolischen Schreiben *Evangelii Gaudium*, in dem er der Verkündigung des Evangeliums ein großes Kapitel widmet, ähnlich zurückhaltende Töne an. »Die Homilie«, so der Papst, »kann wirklich eine intensive und glückliche Erfahrung des Heiligen Geistes sein, eine stärkende Begegnung mit dem Wort Gottes, eine ständige Quelle der Erneuerung und des Wachstums«.[12] Diese Geist-Erfahrung kann Wirklichkeit werden – aber sie kann auch fehlen. Franziskus formuliert nicht im Modus der Gewissheit, sondern des Vertrauens: »Erneuern wir unser Vertrauen in die Verkündigung, das sich auf die Überzeugung gründet, dass Gott es ist, der die anderen durch die Predigt erreichen möchte, und dass er seine Macht durch das menschliche Wort entfaltet.«[13]

Die pneumatologische Scharnierstelle

»Gottes Wort in Menschenworten« – so lautet die entscheidende homiletisch-theologische Formel. Isabelle Senn weist in ihrer gleichnamigen Dissertation darauf hin, dass in dem Wort »in« die ganze Dynamik des Verkündigungsgeschehens verborgen liegt. Predigt ist Geistgeschehen. Aber wie kommt der Geist ins menschliche Wort, so dass es Gottes Wort weiterträgt? Der Geist ist ja trinitätstheologisch das »In-Sein« Gottes in Person. Als solcher ist er die Beziehungskraft, ohne die auch das Verkündigungsgeschehen nicht »ankommen« kann, er ist die Kraft des Offenbarwerdens des Wortes Gottes und die Wirkkraft, die es in den Menschen auslöst.[14] Wenn wir bohrend weiterfragen, wie aber der Geist in das Menschenwort hineinkommt, stoßen wir letztlich auf die nie erkaltende theologische Diskussion über das Zusammenwirken von göttlicher Gnade und menschlicher Freiheit. Auch für das Predigtgeschehen ist wohl klar, dass ein Entweder-oder hier zu falschen Alternativen führt: Der Mensch ist kein bloßes, willenloses Sprachrohr, dessen sich der Geist ermächtigt. Der Geist flüstert nicht ins Ohr, was ihm nachzusprechen ist. Es kommt für den Prediger entscheidend auf sein eigenes Wollen, sein Können, sein Engagement und seine Kreativität, nicht zuletzt auch auf sein individuelles Glauben-Dürfen an. Und doch ist das Predigtwort, wenn es »gut« geht, nicht allein sein Wort. Es ist, so Senn, »gleichermaßen göttliche Zusage und menschliches Zeugnis«[15].

Eine Theologie der Verkündigung muss hier die Spannung halten und eine »definitive« Antwort verweigern. »Einerseits kann sie nicht mit guten Gründen sagen, der Geist wirke in jedem, also auch im ›schlechten‹ menschlichen Verkündiger. Anderseits kann sie aus den Wirkungen ›guter‹ Verkündigung nicht grundsätzlich auf das Wirken des Geistes schließen.«[16] Der Prediger ergreift das Wort, von dem er ergriffen ist. Ob das Wort wirkt, was Gott will und erreicht, wozu es ausgesandt ist (vgl. Jes 55,11), lässt sich an den Folgen der Verkündigung erahnen, insofern das Wort Gottes Glauben hervorruft und in die praktische Nachfolge ruft – kann aber auch daran nicht fixiert werden.

Reden über – Reden in

Das Evangelium so zu predigen, dass Gott nicht nur formal »vorkommt«, sondern Gottes Geist lebendig wird, ist ein Kunst. Diese Einsicht nimmt die *dramaturgische Homiletik* wörtlich. Beeinflusst von der amerikanischen New-Homiletic-Bewegung wurde sie von den evangelischen Theologen Martin Nicol und Alexander Deeg im deutschsprachigen Raum eingeführt und entwickelt. Predigt ist eine Kunst, sie ist darstellend und performativ.[17] Die im Verkündigungsdienst Tätigen dürfen sich deshalb, salopp formuliert, als »Predigtmacher« verstehen – so wie es auch Filmemacher, Theatermacher und Liedermacher gibt. Ausgehend von dieser ästhetisch-künstlerischen Perspektive greifen Nicol und Deeg das pneumatologische »in« auf und wenden es praktisch. Ihr homiletisches Credo lautet: *Reden in* statt *Reden über*.[18] In der akademisch-theologischen Sprache wird naturgemäß über Glaubensfragen nach-gedacht und re-flektiert, es werden Gründe und Argumente vorgebracht und ausgetauscht. Wenn Predigt aber nicht als elementarisierende Theologie verstanden wird, sondern als Kunst, dann kann die »Dreipunktepredigt« nicht die einzige homiletische Dramaturgie sein. Dann entspricht es ihrem Wesen, das Wort Gottes nicht nur »auszulegen«, sondern zu zeigen, zu gestalten und zu inszenieren – ohne dabei festzulegen und zu definieren. Dies schließt vernünftige Gedankenfolgen und scharfsinnige Argumentation nicht aus. Aber eine Homilie ist etwas grundlegend anderes als eine Vorlesung für theologische Laien.

Vielleicht setzt genau hier das Problem an, warum »Gott« bisweilen zu fehlen scheint – auch da, wo er auf jeder Seite des Predigtmanuskriptes vorkommt. *Reden in* statt *Reden über* hieße im Sinne der dramaturgischen Homiletik: nicht über eine biblische Szene sprechen, sondern in ihr sprechen. Also: Nicht über Trost sprechen, sondern trösten; nicht über die Auferstehungsfreude sprechen, sondern Freude vermitteln; nicht über den Zweifel des Thomas predigen, sondern dem Zweifel in diesem Moment der Rede Raum geben. Und: Wenn über Gott reden, dann nicht wie über eine gedankliche Abstraktion. Predigt ist verortet und verbunden »*in* der Spannung des biblischen Wortes, *in* der Feier der Gemeinde, *in* der Bewegung des Glaubens und Zweifels. Im *RedenIn* sehen wir den Kern einer erneuerten Homiletik«[19], so Nicol und Deeg. Interessanterweise zeigen die Begründer der dramaturgischen Homiletik eine große Nähe zu mystagogischen Ansätze aus der katholischen Tradition. Betont wird insbesondere die Wechselwirkung von Homilie und Liturgie: Predigt ist kein Diskurs über das, was im Gottesdienst gefeiert wird, und vor allem keine Unterbrechung des liturgischen Geschehens, sondern eine Etappe auf dem »Weg ins Geheimnis«. Für diesen Moment ist das freie Wort und Zeugnis das entscheidende Element – eingebettet in eine gottesdienstliche Dramaturgie, in der sich biblische Texte, ritualisierte Gebete, Musik und Stille abwechseln.

Ins Wort bringen

Kunst, Dramaturgie, Inszenierung, Predigtmachen: Widerspricht das nicht der eben beschriebenen Unverfügbarkeit des Predigtgeschehens? Sind das nicht allzu menschliche, bisweilen »verkünstelte« oder schlimmstenfalls sogar anbiedernde homiletische (Ab-)Wege, die das Wort Gottes mehr verstellen als erhellen? Die Machbarkeitsfalle öffnet sich wohl unabhängig vom homiletischen Ansatz und Stil. Freilich können die von Nicol und Deeg formulierten Grundsätze die »Predigtmacher« auch unter einen Kreativ-Druck setzen, der dann zu gewollten, aber nicht gekonnten Predigt-Dramaturgien führt, die an den Hörerinnen und Hörern vorbeigehen oder diese irritieren. Doch die Grundintuition *»Reden in* statt *Reden über«* kann trotz ihrer Plakativität all jenen, die Woche für Woche in der Verkündigung stehen, zu denken geben. Vermutlich wäre es eine aufschlussreiche Übung, einmal die eigenen Formulierungen daraufhin zu untersuchen, wo aus der Distanz der dritten Person über die Botschaft der Bibel gesprochen wird: »wie Gott ist …«, »was Jesus sagen will …«; »was das Evangelium meint …« Ein triftiger Grund, dem dramaturgischen Ansatz und dem kreativen Selbstverständnis in der eigenen Predigttätigkeit eine Chance zu geben, liegt darin, dass sich Predigtstil und -sprache so möglicherweise wieder intensiver den biblischen Texten selbst annähern werden, die in ihrer poetischen und bildlichen Kraft viele »Auslegungen« derselben Texte oft himmelweit übertreffen. Der Ruf nach einer größeren Nähe von Theologie und Poesie, von Homiletik und Lyrik ist nicht unbekannt. Doch geht es meines Erachtens nicht darum, mehr Gedichte zu rezitieren und die Gleichnisse Jesu mit weiteren Kurzgeschichten anzureichern, sondern es geht darum, der Suche nach der eigenen homiletischen Ausdruckskraft einen höheren Wert beizumessen. Diese Suche kann sich nicht allein an literarischen Vorbildern orientieren und diese imitieren, sondern sie lebt buchstäblich davon, die biblischen Texte zu meditieren und sich »in« ihnen zu bewegen, um das Wort Gottes in eigenen Menschenworten weitergeben zu können. Die Erfahrung von Predigerinnen und Predigern, dass die richtigen und geistererfüllten Worte nicht einfach zufliegen, sondern in einem kreativen Prozess errungen werden müssen, verbindet sie wiederum mit dem Schicksal anderer künstlerischer Berufe.

Die Ahnung wecken

Kam Gott vor? Von der Ausgangsfrage nach dem theologischen Inhalt von Predigten sind wir bei der Frage nach Sprache, Stil und Mitteln gelandet. Beides gehört aber zusammen. »Der homiletische Sündenfall beginnt, wenn ich die Predigtarbeit auf der Fiktion einer Trennung von Inhalt und Form aufbaue«[20], schreibt Martin Nicol. Ob und wie Gott *im* Predigtgeschehen vorkommt oder nicht, bleibt die Gretchenfrage der Homiletik. Deswegen ist die Evaluationsfrage von Franz Kamphaus überaus berechtigt. Der Auftrag, von Gottes Dasein zu reden, und die Erkenntnis, dass er nicht einfach »da« und zur Hand ist und unsere Worte ihn nicht ansatzweise fassen können, macht die Spannung der Verkündigung aus. Diese Spannung gilt es nicht aufzulösen, sondern theologisch und rhetorisch aufrechtzuerhalten und *in* ihr zu predigen. Gott erklären zu wollen, wäre – der Vergleich sei gestattet – wie einen Witz zu erklären. »*Si enim comprehendis, non est Deus.*«[21] Dafür gilt es, als Prediger oder Predigerin ein Gespür zu wahren. Und vielleicht besteht die homiletische Kunst ja gerade darin, nicht über Gott zu reden, sondern davon, warum Gott fehlt – um auf diese Weise eine Ahnung von ihm zu wecken.[22]

Vielleicht entsteht der Eindruck, dass die homiletische Messlatte nun sehr hoch hängt. Die Intention dieses Beitrags war eine andere: Hoch gehängt werden soll das Bewusstsein für das im engen Sinne »geistliche« Geschehen, das die Verkündigung ist – das Bewusstsein für die Unverfügbarkeit und Entzogenheit des Wortes Gottes in der menschlichen Sprache und im Sprechakt der Predigt. Niedrig gehängt werden soll alles, was Prediger und Predigerinnen davon abhalten könnte, mit kreativem Selbstverständnis und neuer Lust zu verkünden. Niedrig gehängt werden soll die lähmende Verpflichtung, *über* Gott zu reden, um in einer Situation, in der Gott bisweilen zu fehlen scheint, Worte zu finden und Erfahrungen zu ermöglichen, *in* denen er vorkommt.

Anmerkungen

1   Vgl. Hans-Joachim Höhn, Ausgeliebt? – oder: Wie Gott zu Tode geglaubt wird. Eine zeitdiagnostische Spurensuche. Im vorliegenden Band, 115–131.

[2] Vgl. Klaus Kleffner, Die Botschaft der Dunklen Nacht. Eine Spurensuche in der spanischen Mystik. Im vorliegenden Band, 49–68.

[3] Vgl. Ursula Roth – Jörg Seip – Bernhard Spielberg (Hg.), Unbekannt. Predigen im Kontext von Agnostizismus und Atheismus, München 2014.

[4] Karl Rahner, Grundkurs des Glaubens. Einführung in den Begriff des Christentums. Freiburg i. Br. 1999, 50.

[5] Ebd.

[6] Martin Luther, WA 8, 33 (Deutsche Auslegung des 67. (68.) Psalms; 1521).

[7] Vgl. Isabelle Senn, Gottes Wort in Menschenworten. Auf dem Weg zu einer Theologie der performativen Verkündigung, Innsbruck – Wien 2016, 110–118.

[8] Wilfried Engemann, Einführung in die Homiletik, Stuttgart ³2020, 534.

[9] Ebd.

[10] Paul Tillich, Systematische Theologie I–II, hg. v. Christian Danz, Berlin – Boston ⁹2017, 168.

[11] Engemann, Einführung in die Homiletik (s. Anm. 8), 534.

[12] Papst Franziskus, Apostolisches Schreiben Evangelii gaudium (Verlautbarungen des Apostolischen Stuhls 194), Bonn 2013, Nr. 135.

[13] Ebd., Nr. 136.

[14] Vgl. Senn, Gottes Wort in Menschenworten (s. Anm.7), 320–329.

[15] Ebd., 330.

[16] Ebd., 346.

[17] Vgl. einführend zu diesem Paradigma: Martin Nicol, Einander ins Bild setzen. Dramaturgische Homiletik, Göttingen ²2005, 29–37. Vgl. auch Ders., Mehr Gott wagen. Predigten und Reden zur Dramaturgischen Homiletik, Göttingen 2019.

[18] Vgl. Martin Nicol – Alexander Deeg, Im Wechselschritt zur Kanzel. Praxisbuch dramaturgische Homiletik, Göttingen ²2013, 15f.; Nicol, Einander ins Bild setzen (s. Anm. 17), 44.

[19] Nicol – Deeg, Im Wechselschritt zur Kanzel (s. Anm. 18), 16.

[20] Nicol, Einander ins Bild setzen (s. Anm. 17), 26.

[21] Augustinus, Sermo 117 (PL 38), 663. Dt: »Wenn Du es verstehst, ist es nicht Gott.«

[22] Vgl. Martin Walser: »Wer sagt, es gebe Gott nicht, und nicht dazusagen kann, dass Gott fehlt und wie er fehlt, der hat keine Ahnung. Einer Ahnung allerdings bedarf es.« Zitiert nach: Ders., Über Rechtfertigung, eine Versuchung, Reinbek bei Hamburg ⁴2012, 33.

Autorin und Autoren

Paul Deselaers, Dr. theol., seit 1984 Spiritual in Münster, bis 2012 zusätzlich Lehrbeauftragter für Homiletik an der Katholisch-Theologischen Fakultät der Universität Münster

Margareta Gruber OSF, Dr. theol., Franziskanerin von Siessen, Professorin für Neues Testament an der Theologischen Fakultät der Vinzenz Pallotti University Vallendar

Hans-Joachim Höhn, Dr. theol., Professor für Systematische Theologie und Religionsphilosophie an der Universität zu Köln

Klaus Kleffner, Dr. theol., Leiter *team exercitia*, Leiter des Teams der Spirituale und spirituellen BegleiterInnen für die pastoralen Berufsgruppen im Bistum Essen; Spiritual am Priesterseminar in Münster

Martin Rohner, Dr. phil., Lic. theol., Theologischer Direktor im Bischöflichen Priesterseminar und Domzeremoniar in Osnabrück; Lehrbeauftragter für Religionsphilosophie an der Universität Osnabrück

Jürgen Werbick, Dr. theol., em. Professor für Fundamentaltheologie an der Katholisch-Theologischen Fakultät der Universität Münster

Stefan Walser OFMCap, Dr. theol., Kapuziner, Juniorprofessor für Fundamentaltheologie und christliche Identitäten an der Katholisch-Theologischen Fakultät der Universität Bonn

Das vernichtende Potenzial des Christentums

Andreas Benk
Christentum, Antisemitismus und Schoah
Warum der christliche Glaube
sich ändern muss

268 Seiten, 14 x 22 cm
Hardcover
€ 29,– [D] / € 29,90 [A]
ISBN 978-3-7867-3319-5

Die Gründe für die Gleichgültigkeit christlich geprägter Gesellschaften gegenüber der Judenverfolgung unter den Nazis reichen zurück bis zu den Anfängen des Christentums.
Andreas Benk beleuchtet die Geschichte christlicher Judenfeindlichkeit, die rassistischem Antisemitismus den Boden bereitete, und zeigt auf, wie die Exklusivität, die das Christentum von Beginn an für sich beanspruchte, sich bald nicht nur gegen das Judentum richtete, sondern Markenkern christlichen Glaubens blieb: Opfer kirchlicher, insbesondere römisch-katholischer Absolutheitsansprüche wurden im Verlauf der Geschichte Andersgläubige, sogenannte »Ketzer«, indigene Völker sowie Frauen, Homosexuelle, Transgender, Intersexuelle und überhaupt als »anders« bewertete Menschen. Bis heute hat sich die römisch-katholische Kirche als Kirche nicht zu ihrer Schuld bekannt. Vor diesem Hintergrund entwickelt Benk klare Thesen zu einer undogmatischen Theologie, die kirchliches Versagen anerkennt, auf Exklusivitätsansprüche verzichtet und sich neu an der Botschaft Jesu orientiert.

GRÜNEWALD   www.gruenewaldverlag.de

Über die Kirchen-Verzweiflung hinausblicken

Jürgen Werbick
Christentum – kann das weg?
Glauben in Zeiten der
Kirchen-Erschöpfung

240 Seiten, 14 x 22 cm
Hardcover
€ 28,– [D] / € 28,80 [A]
ISBN 978-3-7867-3329-4

Rechenschaft darüber, was mir für meinen Gottesglauben elementar wichtig ist und nicht in die gegenwärtige Kirchen-Verzweiflung hineingerissen werden darf: Das ist die große Herausforderung, der sich glaubende Menschen derzeit ausgesetzt sehen. Denn: Die »Verkirchlichung« des biblischen Gottesglaubens ist am Ende. Für Jürgen Werbick ist die Befreiung des Glaubens aus den Zwängen eines selbstbezüglichen Glaubensverwaltungs-Systems unverzichtbar – und sie hat vielfach schon begonnen. Was darf dabei nicht auf der Strecke bleiben? Was muss neu, biblischer, menschlicher, verstanden werden? Was muss bei diesem Aufbruch zurückgelassen werden? Was hat sich kirchlich falsifiziert? Und was tritt neu in den Vordergrund?
Ein ermutigendes Buch, das zeigt, was Christsein heute als immer wieder herausfordernde Hoffnungs-Perspektive für die Menschen im Entscheidenden ausmacht.

GRÜNEWALD   www.gruenewaldverlag.de